強い内閣と近代日本

国策決定の主導権確保へ

関口哲矢

吉川弘文館

目次

凡　例

・おもに西暦を表記し、和暦はその後に（　）や〈　〉で適宜補った。
・一八七三（明治六）年一月一日以降は新暦、それ以前は旧暦である。改暦による年月日のズレはそのままとした。
・史料は極力、地の文におさめた。引用した場合は「　」でくくり、旧字体を新字体にあらためた個所もある。筆者が補った文字は〔　〕で記し、頭点も筆者が付した。
・一八八五年一二月発足の内閣制度より前の太政官制期にも「内閣」という用語が登場する。本来この二つの内閣は区別し、後者に「　」を付したほうがよいと思うが省略した。
・新聞はつぎのように略記した。特に断りのない場合は朝刊一面か、朝刊・夕刊の別がないことをあらわす。
　『大阪朝日新聞』→『大朝』、『大阪毎日新聞』→『大毎』、『東京朝日新聞』→『東朝』、
　『東京日日新聞』→『東日』、『読売新聞』→『読売』、『読売報知新聞』→『読売報知』、
　『満洲日日新聞』→『満日』
・参考史料や参考文献は巻末に一覧を付し、本文中にも適宜（著者名、刊行年・月）といったような形式で記した。
・記述内容を正確に伝えるという観点から、学術的、歴史的な用語という限定つきで差別的な表現や固有名詞を使用せざるを得なかった。もとより差別を助長するものではない。

はじめに―強い内閣や首相の追求

内閣機能強化の必要性

近代日本（本書では、徳川幕府にかわる新政府の発足からアジア・太平洋戦争の敗戦、一八六七〈慶応三〉～一九四五〈昭和二〇〉年とする）の内閣総理大臣（以下、首相）で、歴代最年少は初代の伊藤博文（四〇代）、最年長は最後の鈴木貫太郎（七〇代）である。首相の前身ともいえる太政大臣《だじょうだいじん》は、さらに最年少の三〇代、三条実美だった。年齢も個性もさまざまであるが、彼らやその内閣は〝強かった〟のだろうか。

実は近代の首相や内閣は、ほぼ途切れることなく自身の機能強化を構想し、実践している。本書ではその歩みをたどることで、近代政治が何を教訓として残してくれたかを考えてみたい。内閣機能強化とは、①内閣の機能強化、②首相の機能強化、③軍事に対する政治の優越の確立、を指すこととする。

なぜ内閣機能の強化が必要になるのか。政治は意思決定の積み重ねで成り立っており、的確な判断力や迅速な決定力を備えるほど政治は円滑に進む。特に諸外国と並び立つことを最大の課題とした明治期の日本にとって、強国を築くには国内の整備が急務であり、閣内をまとめあげるかじ取り役が不可欠であった。

やがて、日本は欧米列強との覇権争いに参入し、戦争を主体的に起していく。すると内閣にとって、戦略を担当する軍令機関との連携が重要になってくる。いくら机上で立派な戦略を立てても、それを実現させるには兵士や航空機などの〝現物〟が必要になる。戦争が拡大するほど〝現物〟の確保が重要となり、軍政機関を配する内閣には強い行政運営が求められるのである。

大日本帝国憲法下の内閣と首相

では、大日本帝国憲法下の内閣と首相の権限はどう規定されていたのだろう。実は憲法に「内閣」という語はない。第五五条に「国務各大臣ハ天皇ヲ輔弼シ其ノ責ニ任ズ」とあるのみで、国務にかんする天皇の大権（国務大権）を、首相を含む国務各大臣が同列で輔弼《ほひつ》（補佐）すると解釈される。これを国務大臣単独輔弼責任制と呼び、首相が他大臣を統制できない根拠とされた。また首相は、他大臣の任免権をもたない。大日本帝国憲法下の首相は制度的に弱いのである。

憲法は国務と統帥《とうすい》の分離も規定しており、第一一条と第一二条にもとづき軍令機関と軍政機関は個別に天皇の大権を補佐していた。そのほか、第五六条で規定されている天皇の最高諮問《しもん》機関としての枢密院《すうみついん》や、法的根拠をもたないながら権力を有する元勲や元老も、政界に強い影響力を保持していた。これらの機関が構成する権力分散的な国家構造が〝明治憲法体制〟の特徴の一つであり、内閣の統制の及ぶ範囲は制限されていたのである。

ただ本書でみていくように、近代を通して内閣や首相は一貫して弱い存在ではなく、首相が陣頭指揮をとって国務と統帥をつなぎ止め、対外戦争を主導したこともあった。内閣や首相の強弱は制度のみで決まるのではなく、首相の個性や当時の政治環境にも大きく左右されるのである。

また首相はほかの国務大臣と同列というが、天皇からただ一人指名を受け、閣僚を選定する慣習も確立している（清水、二〇〇七）。さらに、国家の最高かつ最終の意思決定は閣議で行われるため、各閣僚の意見が一致しなければ内閣は存続し得ない。昭和戦前期の法学者である副島《そえじま》義《ぎ》一《いち》も、各大臣が自身の意見を強行することが当然の地位なら、国政は分裂すると指摘していた。このように、弱い内閣や首相のイメージを見直す動きは、近年盛んにみられる（たとえば佐々木、二〇一九）。

といっても、近代全体をみた場合、内閣や首相の権限や立場が弱い時期が多いのも事実である。首相が采配をふるうことができた時期は特殊なのか、本書で考えてみたい。

日本国憲法下の内閣と首相

他方、日本国憲法をみると、第六五条には「行政権は、内閣に属する」、第六六条には、内閣はその首長である首相とほかの国務大臣で組織するとある。第六八条には、首相の他大臣に対する任免権が規定されている。一読する限り、内閣が政治行政を取りしきり、そのなかでも特に首相は強そうな存在である。

しかし戦後も、内閣や首相の機能強化を追求する動きは絶えずみられた。第一次臨時行政調査会（第一次臨調）の設置（一九六二年）、第二次臨調の設置（一九八一年）、行政改革会議の設置（一九九六年）、中央省庁等改革（二〇〇一年）といった具合いである。日本国憲法にもとづけば内閣や首相は強いはずなのに、なぜ強化する必要があるのだろうか。

一つに、内閣の決定事項を執行するのは各省庁であり、その主任大臣である各省大臣の存在が大きいという事情がある。また〝官僚主導〟の政治にも原因がある。内閣の最高意思決定機関は閣議だが、事前に事務次官等によって省庁間の調整が済まされ、閣議はそれを追認する場になっているという実態は、〝官僚主導〟の代表例である。これらは長らく、内閣や首相の強力な判断力や決定力をそぎ落とす要因として、改善が叫ばれてきた。

内閣機能強化の目的と手段

大日本帝国憲法下であれ日本国憲法下であれ、実態としては政治に果たす内閣や首相の指導力は強くなかった。であるがゆえに内閣は、近現代を通じて、自身の機能強化を追求していったのである。では、近代の経験を現代に生かすことはできるのだろうか。

戦後、第一次臨調が収集した資料には、内閣調査局官制や臨時内閣参議官制など、戦前期に運用された各制度が列記されている。臨調は、日本国憲法下の内閣機能を強化するため、大日本帝国憲法下で試みられた内閣機能強化策を調査していた。この事実は、今日の内閣制度の抱える課題を解決するうえで、大日本帝国憲法下の内閣・首相のありようが参考になり得ることを示唆している。

では内閣や首相は、このほかに、どのような手段で自身を強化しようとしたのだろう。本書で扱う代表的な強化策を【図1】にまとめた。これをみただけでも、内閣がさまざまな勢力へ目配りしている様子がわかると思う。日本が国家として成熟すればするほど国家機構は肥大化し、意見を一致させ

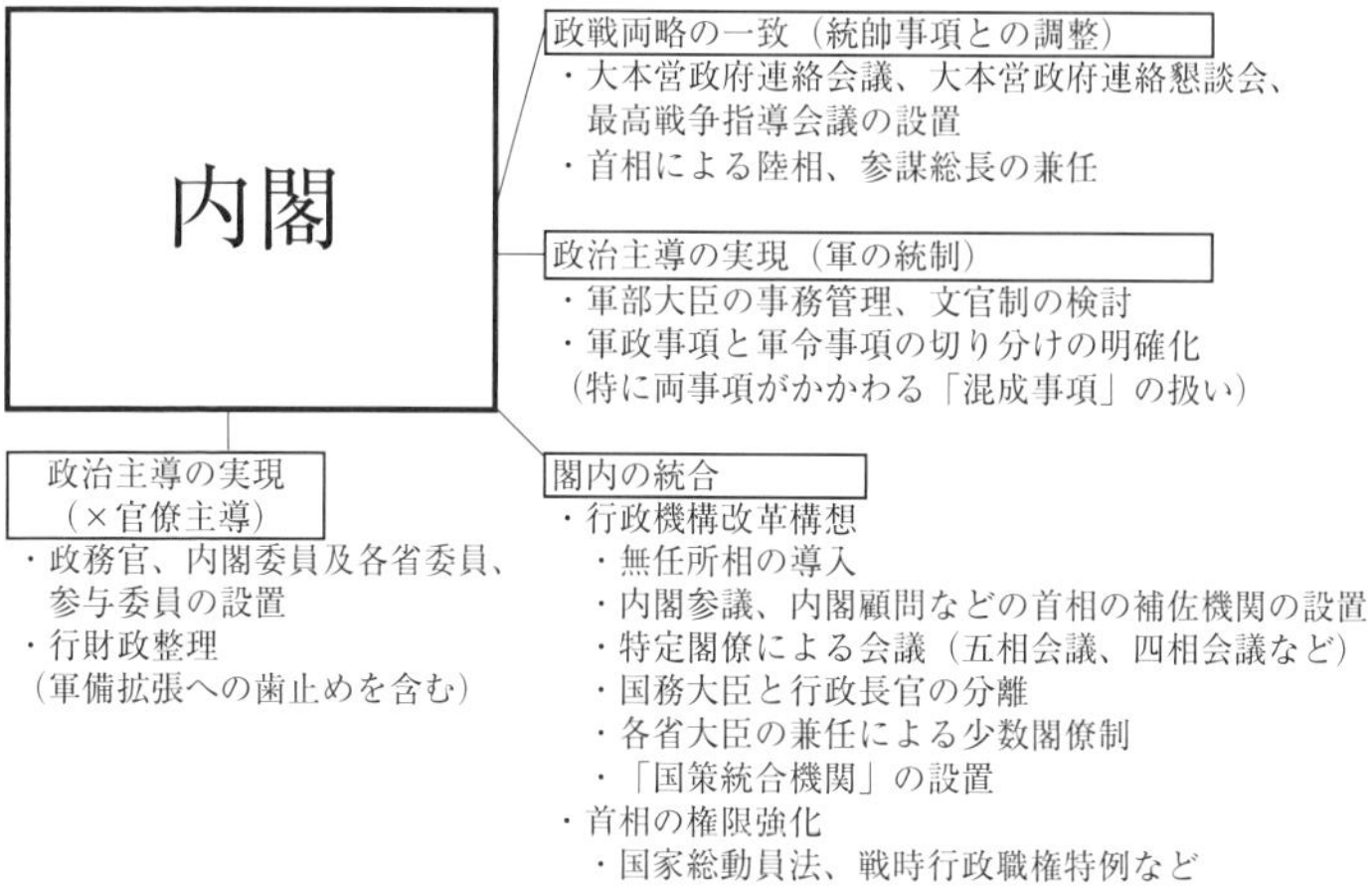
内閣
政戦両略の一致（統帥事項との調整）
・大本営政府連絡会議、大本営政府連絡懇談会、最高戦争指導会議の設置
・首相による陸相、参謀総長の兼任
政治主導の実現（軍の統制）
・軍部大臣の事務管理、文官制の検討
・軍政事項と軍令事項の切り分けの明確化（特に両事項がかかわる「混成事項」の扱い）
政治主導の実現（×官僚主導）
・政務官、内閣委員及各省委員、参与委員の設置
・行財政整理（軍備拡張への歯止めを含む）
閣内の統合
・行政機構改革構想
・無任所相の導入
・内閣参議、内閣顧問などの首相の補佐機関の設置
・特定閣僚による会議（五相会議、四相会議など）
・国務大臣と行政長官の分離
・各省大臣の兼任による少数閣僚制
・「国策統合機関」の設置
・首相の権限強化
・国家総動員法、戦時行政職権特例など

図１　内閣機能強化の関連図

るのが困難になる。さらに戦争期に突入すると、政治家・官僚・軍といった諸勢力を統制し、かつそれらを調整する力量が試される場面も多くなる。その克服を目的とする強化策であった。また、【図1】の「閣内の統合」のなかにあるいくつかは【図2】で図示したので、適宜参照いただきたい。これらは特に、昭和戦前期から多くみられるようになる。

しかし、アジア・太平洋戦争の終結の最終決定は、政治家ではなく天皇の「聖断」に委ねられた。強い内閣や首相は実現できなかったのである。これらの経験から私たちが少しでも多くの教訓を得るために、本書では内閣制度発足ではなく、さらにさかのぼって新政府（明治政府）の誕生直後からみていきたい。新政府の政治家や官僚は、自身の理想とする行政運営のかたちをめぐって意見を闘わせていった。その過程も、内閣制度に移行した後をみていくうえで参考になると考える。

（ ──→ は輔弼、←──→ は献策や相談、網かけの部分は政策決定力の強化の特徴的な部分をあらわす。）

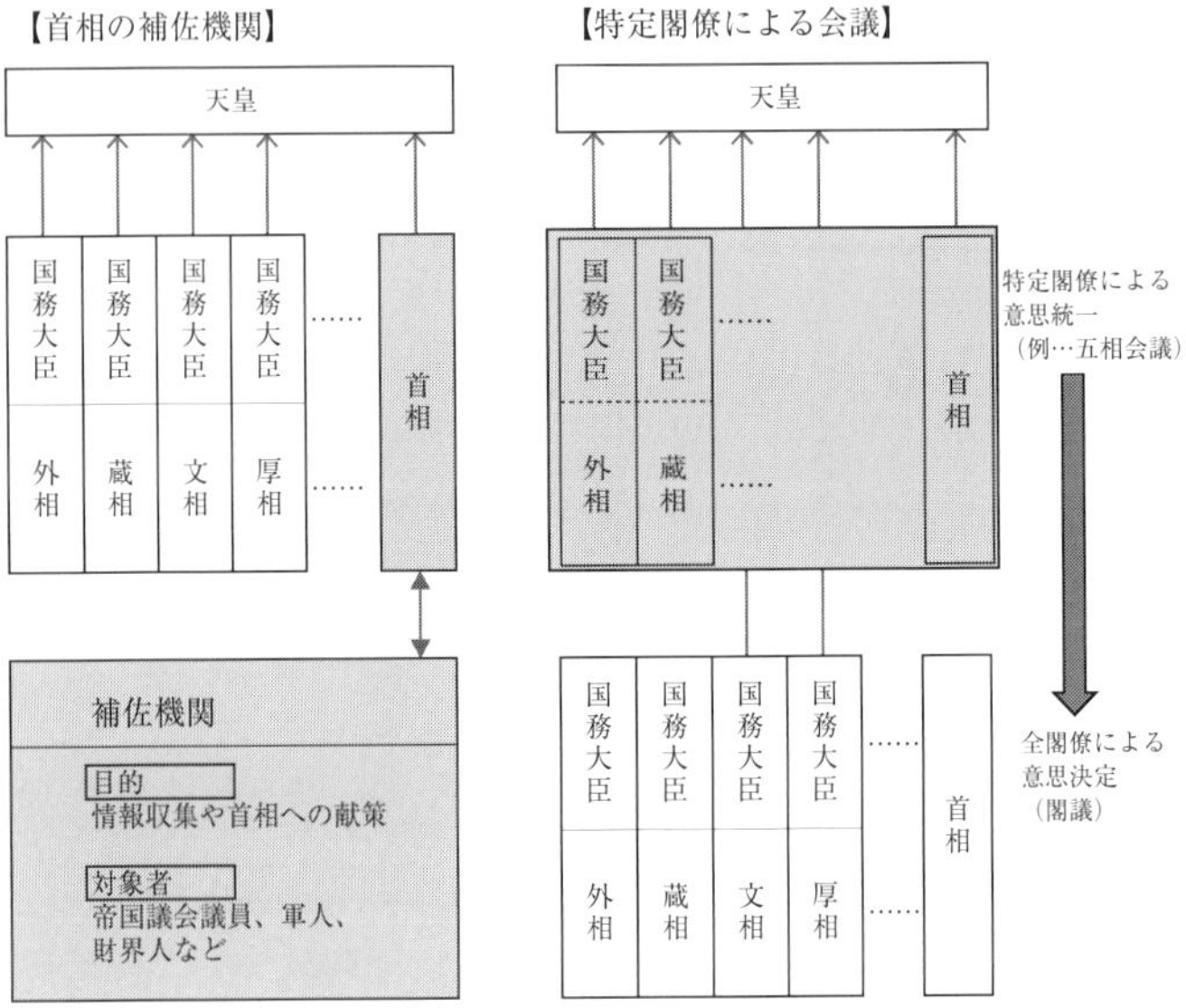

戦争指導体制』〈吉川弘文館、2016年〉6、7頁の図をもとに作成）

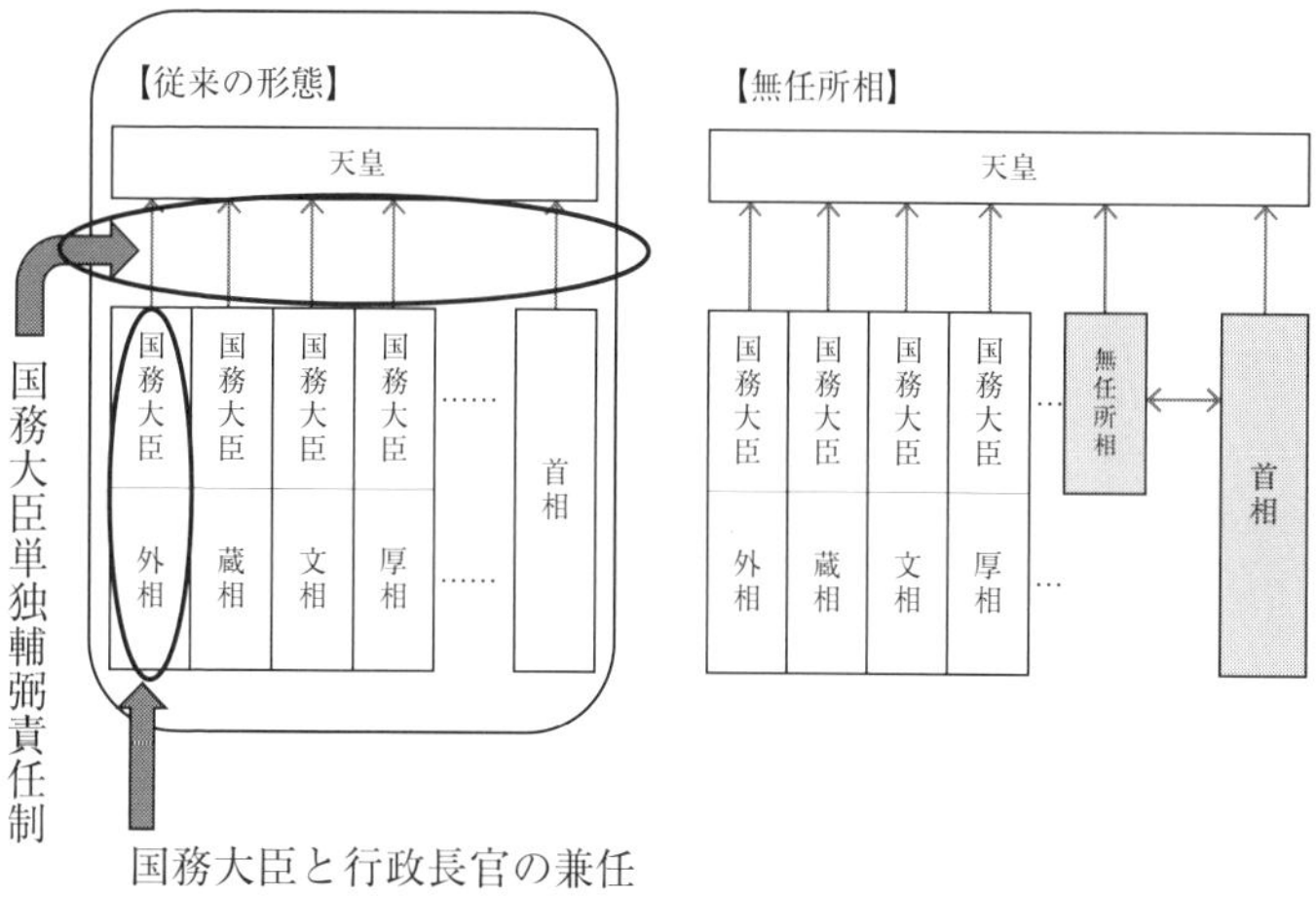

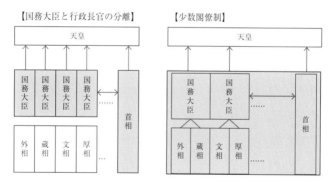

図２　政策決定力の強化策の例（関口哲矢『昭和期の内閣と

制度への着目

本書は、とりわけ制度や組織の設置・運営に着目しながら近代をみていく。制度や組織の変遷をたどるとなると、政治家や官僚が権力闘争を繰り広げていくという華々しさや緊迫した叙述は少なくなる。そもそも制度や組織には無味乾燥というイメージが強い。しかし、その無味乾燥な制度や組織は人によって生み出され、組織のなかで闘わされる議論は組織に個性をもたせていった。また組織運営のなかでは、制度設計者や運営者の権力がぶつかりあうゆえ、諸勢力の権力のありようが如実にあらわれる。

制度や組織が人を規制するという側面も忘れてはならない。たとえ指導者の手腕が強く、彼の政権担当中に強権がふるえたとしても、制度から逸脱することは不可能である。一度運用を開始した制度や組織を変更する行為は、反対勢力からの恰好の攻撃材料になりかねない。政策決定のプロセスが制度にのっとっている以上、制度や組織をいかに生み出し運用していくかが、内閣機能強化の鍵となる。制度や組織をたどる作業は、一見地味でも、人と人のかけ引きを生々しく描き出すことになると思う。

ここで〝生々しい〟と表現した理由は、内閣機能強化には権力闘争の性格があるからである。強い内閣や首相を生み出そうとすれば、他勢力を統制することが必要になる。そうなると当然、他勢力は自己の利益を守るために抵抗する。内閣機能強化策を実践したがゆえに、かえって権力闘争を呼び込んでしまうケースも考えられる。

内閣機能強化策として一番効果的なのは大日本帝国憲法の改正であるが、この憲法は「不磨《ふま》の大《たい》典《てん》」とされ、改正を表立って叫ぶことははばかられた。内閣官制（内閣や首相などの規定を示した勅令）の改正は可能であっても（清水、二〇一八）、やはり簡単ではない（増田、二〇〇五）。

ただ実際には、内閣官制の改正を伴なう改革構想は数多く存在し、憲法にも影響がおよぶものも少なくない。たとえば国務大臣と行政長官の分離である。内閣官制にもとづけば、国務大臣は行政長官を兼任するのが通常であり、省務に携わらないかたちで国政にのみ専念させることは官制に違反する可能性がある。また、大本営（統帥事項を扱う最高機関）に陸海相以外の国務大臣を列席させる案も頻出するが、国務と統帥の切り分けを不明瞭にするという点から、軍令機関側の反発は不可避である。しかしこうした改革構想は、近代を通して膨大な量が検討されているのである。

実現の可能性が困難なはずの改革構想が、なぜ数多く案出されていくのか。もし実現の可能性をみいだしていたとするなら、権力が分立的である原因がすべて明治憲法体制にあると考えることはできなくなる。本書ではできるだけ多くの内閣機能強化策を、構想段階で終わったものも含めて取りあげることで、各案の作成者の意識を掘りさげてみたい。

内閣機能強化が発するメッセージ

さまざまな内閣機能強化策を取りあげる際、国政の指導者が案出した構想は重要であろう。では、地位の低い者や在野の者が検討したものは軽く扱ってもよいのだろうか。

構想の多種多様さは、政治にかかわった者たちが国家機構の機能の行き詰まりを感じていたことの裏返しでもある。全面的に依拠するのは危険だが、多くの政治関係者が何を問題点ととらえ、何を打開しようとしていたのかを推しはかる手がかりとして、無視するのはもったいない。構想と現実の間の溝の深さは、明治憲法体制の問題の深さを浮かびあがらせることになると考える。

制度設計者の〝過去への視点〟も本書の意識するところである。おびただしい量の内閣機能強化策には、効果があらわれたものから、失敗に終わったものまでさまざまある。それらを制度設計者はどの程度過去にさかのぼって分析し、何を学んだのか。また、時代を超えて同種の強化策がくり返し現れることも多いが、これらの策は偶然重なっただけなのか、過去の策を反省したうえで再提案されたのか。過去の強化策を教訓として生かしていたのかどうかを知ることは、内閣機能強化という取り組みを技術的な成否にとどめない、近代日本の歩みそのものを総括するうえで重要な作業と本書はとらえている。

本書で得られた教訓を現代政治へと還元することも課題である。近代の内閣による貴重な経験を、現代の内閣にいかすことができないか探っていきたい。

一 太政官制から内閣制度へ

1 明治政府の誕生と太政官制

行政機構の整備

一八五〇年代、日本は鎖国から開国へと舵《かじ》を切った。欧米諸国との不平等条約（修好通商条約に盛り込まれている治外法権の保証や関税自主権の喪失など）の締結を機に、今後の政治を徳川幕府に委ねるべきか否か、国家体制の問い直しが始まる。

その結果、徳川一五代将軍慶喜《よしのぶ》は一八六七（慶応三）年一〇月、大政奉還の上表によって政権を朝廷に返還した。一二月九日には薩摩《さつま》藩や長州藩を中心として、王政復古クーデタ（王政復古の大号令）が断行され、徳川幕府及び将軍職の廃止が宣言される。新たに誕生した政府の組織は総裁・議定《ぎじょう》・参与《さんよ》の三職から始まり、総裁には有栖川宮熾仁《ありすがわのみやたるひと》が就任した。政権の持続には行政機構の確立が重要だが、当初は未整備のまま統治が始まった。以後、中央官制は目まぐるしく見直されていく（【図3】参照）。

一八六八年に入ると、一月の鳥羽・伏見の戦いを皮切りに、旧幕府軍と新政府軍の戦争（戊辰《ぼしん》戦

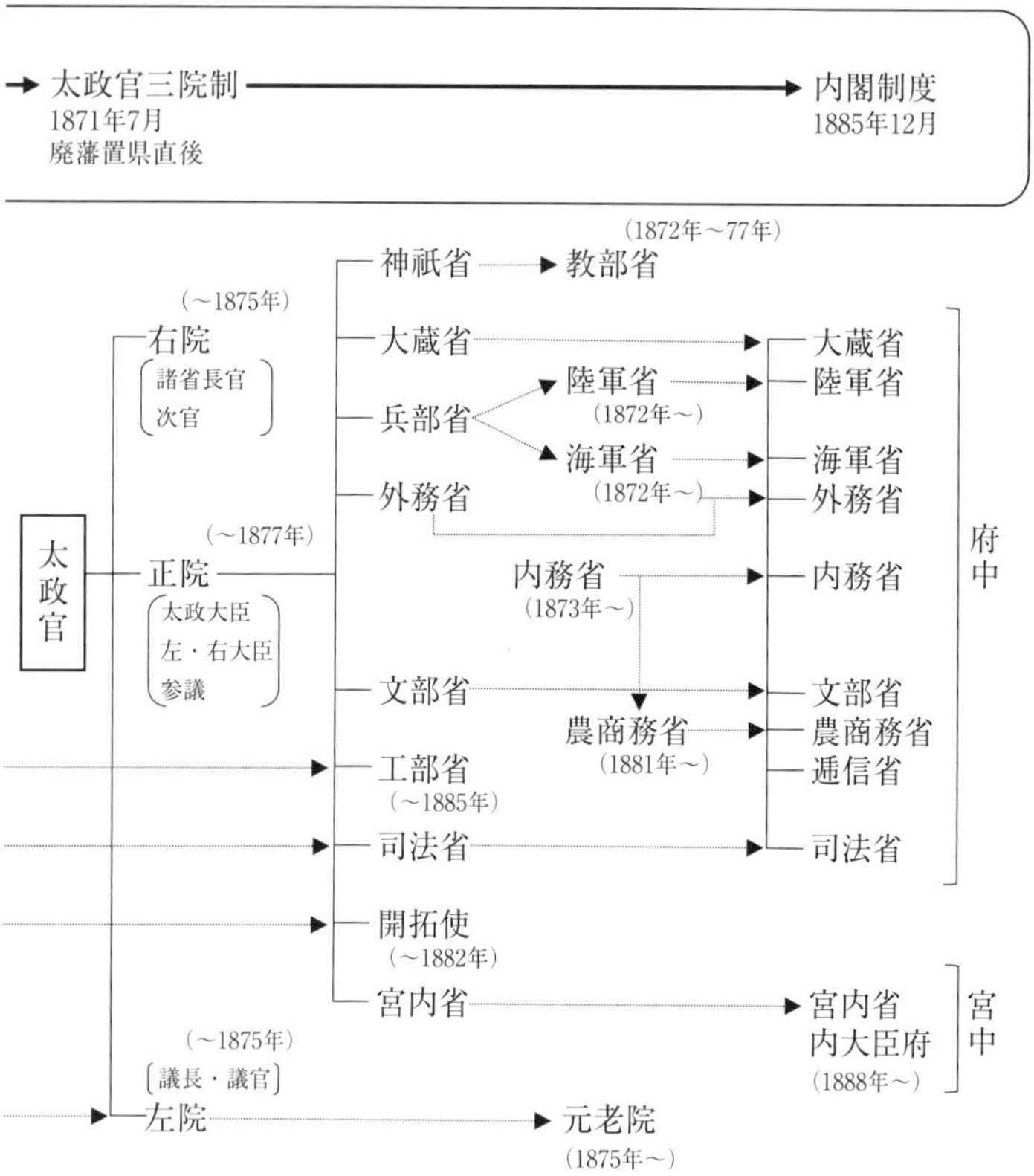

裕著『日本近現代史を読む』〈新日本出版社、2010年〉21頁の図をもとに作成)

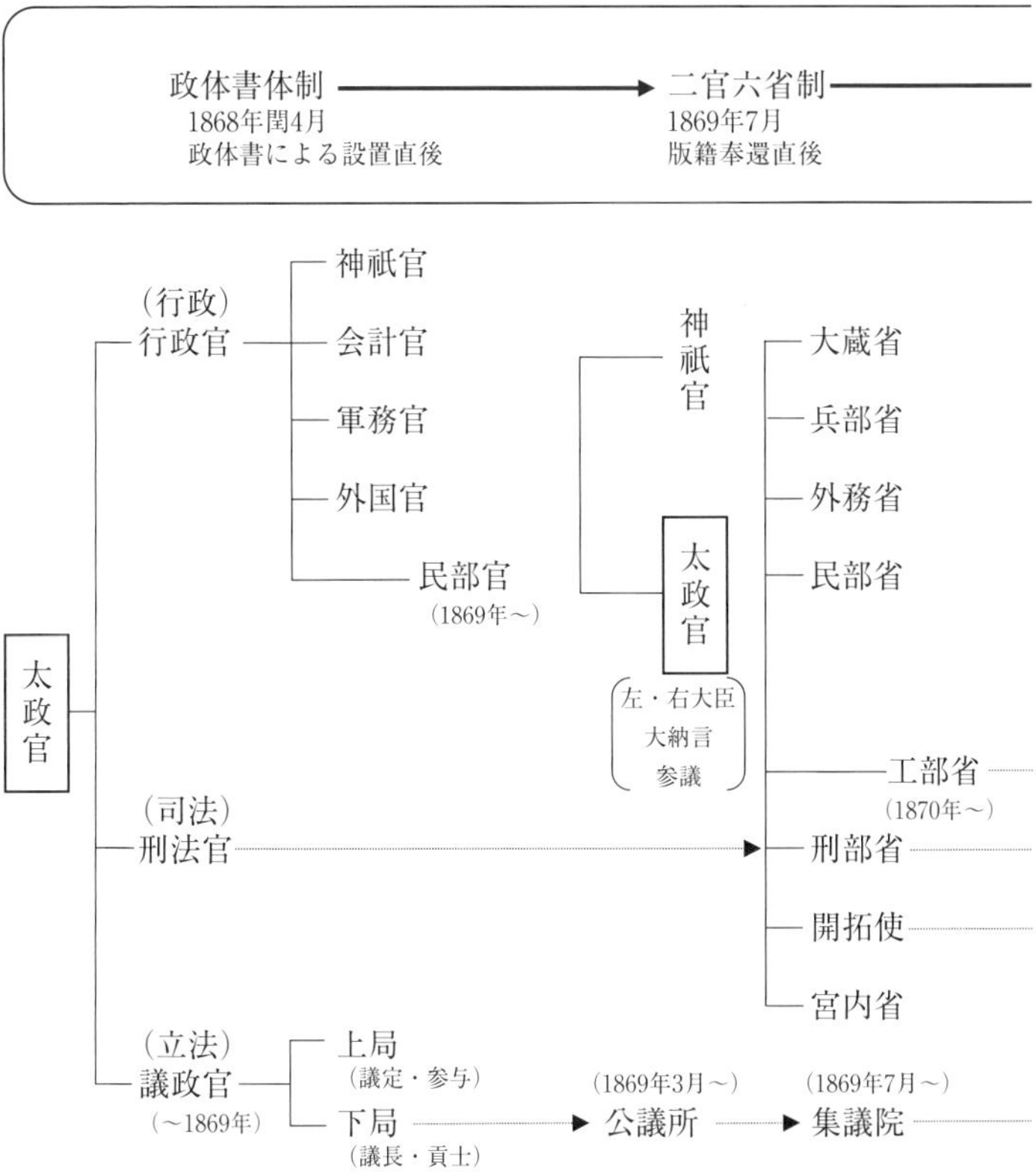

図3　中央官制の変遷（宮地正人監修、大日方純夫・山田朗・山田敬男・吉田

争）が始まる。その間も新政府は安定的な行政機構を模索し、一月一七日、神祇《じんぎ》・内国・外国・海陸軍・会計・刑法・制度の七つに事務を分課した。一切の事務を採決する総裁は有栖川宮だが、実質的には副総裁の三条実美《さんじょうさねとみ》と岩倉具視《いわくらともみ》が新政府の中心であった（内藤、二〇一九）。議定は立法機関や各省長官的な機関とされ、公卿《くぎょう》や雄藩《ゆうはん》の藩主で構成された。参与は政治家色の濃い役職であった（柏原、二〇一八）。彼らは三職会議で意思決定を行い、会議が開催されない場合は参与会議が意思決定の場となった（高橋、二〇〇三・一）。ただ、まだ組織は未成熟であり、一層の整備が求められていく。

一八六八年二月には大久保利通が三条と岩倉に「八局分課」を提案し、七つの事務分課に総裁局が付加された。八局が各事務を分担し、総裁が統轄して議定・参与などが国政を処理する国家機構である。三月一四日に発表された五箇条の誓文には「広ク会議ヲ興シ万機公論ニ決スベシ」とあり、以後、この方針を実現させる政治制度が模索されていった。

一八六八年閏四月二一日には政体書が公布され、三職制は廃止となり、官制に太政官という名称が登場した。太政官は特定の官庁ではなく、議政・行政・神祇・会計・軍務・外国・刑法の七官の総称である。政体書では強力な中央集権と立法・行政・司法の三権分立を規定しているが、実質的には行政が立法と司法を統制する体制であった（門松、二〇一〇）。

政体書によって総裁職は廃止され、輔相《ほしょう》兼議定に三条と岩倉が就任した。輔相は最高の行政官庁となった行政官の長官であり、議事の奏宣《そうせん》、国内事務の統率監督、宮中の庶務の総括などを担当する。当時、一五歳の天皇に対する輔弼《ほひつ》責任を担った輔相は、事実上の裁可者として重要な位置を占めた

（内藤、二〇一九）。

他方、議定と参与は継続されたが、国政全体を担当する参与は、幕末政局で重要な役割を果たした大久保・小松帯刀《こまつたてわき》・木戸孝允《きどたかよし》・広沢真臣《ひろさわさねおみ》・後藤象二郎《ごとうしょうじろう》らに絞られた（柏原、二〇一八）。

職員令の制定

一八六九（明治二）年一月に岩倉具視は輔相を辞任し、議定として政務を統督することになった。二五日には、天皇に依存しない国家構想の意見書を提出している。

大久保利通も政治体制の改革をみすえているが、彼が重視したのは、人材を公平に登用することであった。また、版籍の奉還（各藩主が土地と人民を朝廷に返還すること）と公家や藩主、藩士（のちの華族・士族）に支払われる俸給の打ち切りを主張し、そのために官吏の公選を行おうとした。朝廷には冗員《じょういん》が多く、情実《じょうじつ》に流された任用もあり、政務の統一は望めないと考えたのである。岩倉に訴えた結果、五月一三日、三等官以上の官吏を対象に、輔相・議定・参与などの「入札」が行われた。一五日、三条実美が輔相に、岩倉、徳大寺実則《とくだいじさねつね》、鍋島直正《なべしまなおまさ》が議定に、大久保、後藤象二郎・副島種臣・木戸孝允・板垣退助・東久世通禧《ひがしくぜみちとみ》が参与に就任した。

七月八日には職員令が発せられ、政治組織が大きく変化する。行政官は太政官となり、左大臣・右大臣・大納言・参議（参与の廃止とともに設置）などで構成され、政府の中核的な機関となった。その太政官と神祇官の下に政策を担う民部《みんぶ》・大蔵《おおくら》・兵部《ひょうぶ》・刑部《ぎょうぶ》・宮内《くない》・外務の六省が配され（二官六省制）、各省には長官にあたる卿《きょう》、次官にあたる大輔・少輔が設置された。天皇親政という建前だが、実際は太政官が国政運営に実質的な責任をもつ体制であった。太政官が各省の最上位に位置づけられることで集権化が進み、行政機構は安定した（鈴木、一九四四、門松、二〇一〇）。

職員令によって三条実美は輔相から右大臣へ、岩倉具視は議定から大納言へ異動した。大納言は政治に参画し、可否を献替する（善行をすすめ悪行をいさめる）職である。左大臣と右大臣は天皇を輔弼し、政治を広い視野から判断する職とされた（内藤、二〇一九）。太政大臣は置かれていない。

人事でもう一つ大きな変化といえば、大久保、木戸、後藤、板垣が参与を辞したことであろう。三条と岩倉が、薩長（薩摩と長州）藩閥の対立に苦労していたことが背景にある。ところが、大久保と木戸が閑職にある間、諸官が軋轢《あつれき》しあうようになったため、三条は七月一七日に大久保に対して、木戸とともに参議への就任を要請した。大久保は固辞したが、二〇日に三条から再要請され、翌日に内諾した（木戸の就任は翌年六月）。二三日には民部大輔の広沢真臣《ひろさわさねおみ》も参議に就任している。議定が少数の大納言と大臣に限定されたことで、政治家としての参議の力が高まった（柏原、二〇一八）。

大臣と参議の関係については、問題点も議論されている。一八六九年八月の「大臣納言参議四ケ条誓約書」には、①意見の違いはあれども、忌憚《きたん》のない議論を行い決定すること、②他者の意見にしたがい、周囲から異論があっても責任をもって行うこと、③三職は意思疎通をはかること、などが申し合わせされた。

さらに、参議と各省卿が分離されているために、実務担当者の責任が不明瞭という問題も生じていた（吉井、一九八一）。大久保は、各省の権力が強く、納言や参議が有名無実化している現状をあらためるため、太政官に納言と参議を置かず、各省卿が直接、太政官の一員となる点に意義を見出している。このように各省の権限を強化し、三条を左大臣、岩倉を右大臣に据えて各省卿を統率させることや、参議を天皇の輔弼に携わらせることも考えていた（笠原、一九九四・二〇）。

肥前藩出身で外国官や会計官副知事を歴任した大隈重信《おおくましげのぶ》は行政改革に熱心であり、奏任以上の官吏の俸給と旅費を減額し、職務内容を基準に俸給を増減していった。ただ、大隈による改革案の提出に三条や岩倉は憂慮し、大久保は急激な改革に反対している。土佐藩の元藩主の山内豊重《やまうちとよしげ》（容堂《ようどう》）は賛意をあらわした。

民蔵合併・分離問題

大隈重信は、大蔵省と民部省の合併（民蔵合併）にむけて各省と折衝していく。財政と通貨を扱う大蔵省が、地方行政や土木を担う民部省を吸収することで、近代化を積極的に進めようとしたのである（柏原、二〇一八）。大隈は政府内を〝改革の実行者〟と〝それへの抵抗者〟という対立構図で理解しており、改革を進める自身を、先進的な考え方をもつ者と肯定的にとらえていた。大久保利通や木戸孝允らは、大隈の参議就任を歓迎していた。

一八六九（明治二）年、大隈と伊藤博文（大蔵少輔）は民蔵合併を提案し、その結果、民部大蔵省が発足した。八月一一日に民部卿である松平慶永が大蔵卿を兼任し、大隈は七月二二日に民部大輔を、八月一一日（一二日とするものもある）には大蔵大輔を兼任した。三条実美と岩倉具視の間では、一度確定したことは徹底すべきとの注意事項を共有している。

しかし民部大蔵省は、西洋化を目的とする事業推進と財源確保のために直轄府県から厳しい取り立てを行い、反発を招いていく。参議の一部は同省をこのまま放置できないと考えるようになっていった（同前）。また、民部少輔兼大蔵少輔の吉井友実《よしいともざね》は大隈との関係を悪化させ、大久保に改革を訴えている。

民蔵の合併を「前途目的なし」と考えた大久保や広沢真臣は、一八七〇年六月二二日、岩倉に対し、両省を再び分離して西洋化の速度を緩めるか、自分たちが参議を辞任して大隈らに政治のかじ取りを任せるか選択を迫った（同前）。民部大蔵省の方針が太政官と異なるケースが発生し、大臣・納言・参議の権力が弱くなることを恐れたのである。大隈への集権もさることながら、彼に協力する長州の存在が疎ましかったともされる。

この行動を木戸は批判し、三条実美も大隈を擁護した。大隈の民部大輔を解き参議へ勧誘する動きもあったが、大隈自身は改革への覚悟を強くもっていた。

民蔵の問題に悩んだ三条は、大隈を参議に、伊藤を外務少輔にそれぞれ転任させ、民部大蔵省の卿と大輔を納言と参議に兼任させるという案を考えている。参議の権力を強化することで、太政官と民蔵の意思疎通を円滑にさせようというのである。しかし大久保は否定的であり、民蔵を分離させ、民部省の卿と大輔を納言と参議が兼任する案を主張した。

大久保らが精力的に話しあった結果、一八七〇年七月一〇日に民部大蔵省は分離される。岩倉大納言、広沢・大久保両参議が民部御用掛に任じられ、民蔵の権利は太政官が握ると定められた。その結果、木戸・大隈・後藤象二郎は政府の中枢から遠ざけられることになった。

大久保利通と木戸孝允の関係

一八七〇（明治三）年ごろの政府は、薩長が互いに猜疑心《さいぎしん》を抱き、大隈重信は長州、副島種臣は薩摩に組していた。この分裂は三条実美と岩倉具視の悩みの種であった。

一八七〇年一〇月七日、大久保利通は岩倉に政府の改革案を伝えている。翌日には三条が大久保に、木戸孝允と提携する重要性を諭したが、大久保は大蔵省への影響力が強い大隈と話し合う必要性を感じていた。結局、改革案は木戸・大隈・副島らの承認が得られたため、二七日の三職会議で承認され、一一月には各省の整理縮小に動き始めている。

大久保はまた、一八七一年六月に西郷隆盛《さいごうたかもり》と協力し、木戸を参議などに推薦して右大臣を補佐させ、ほかは諸官として政務にあたらせる構想を相談している。板垣退助も賛同し、兵部少輔の山県有朋《やまがたありとも》と大蔵少輔の井上馨《いのうえかおる》が木戸の説得にあたった。一七日には三条と岩倉が木戸に対し、参議の上に立って上位者と下位者を勧導するよう説得している。三条は一九日にも説得を行ったが、木戸は承諾しなかった。

他方で佐々木高行《さ さ き たかゆき》は三条に、木戸と西郷を参議に据えるほうがよいと提案していた。六月二三日には大久保が、木戸と西郷の参議就任を西郷本人に相談し、二四日に木戸を説得している。大久保はまた、各省の少輔以上から参議までの官を廃し、木戸と西郷を新参議に任命するよう進言した。その結果、両者は参議に新任され、少輔以上が入れかわることとなった。なお大久保は、参議を廃止し各省卿がその職にあたることも提案しており、参議の役割の見直しを考えていたことは間違いない。

以上は大久保による木戸の政治活用だが、両者は国家体制や行政運営のあり方をめぐって意見を闘わせていた。

たとえば大久保は、参議と省卿を兼任させることで、太政官に権力を集中させようと考えていた。行政権優位の強力政治に期待をかけていたのである。対して木戸は、行政権と立法権が両立する組織を模索していた。彼は一八七一年六月に十数人の議政官の設置を提案しているが、それは大久保の構想では各省の権力が強くなり、政府が成り立たないと考えたからである（笠原、一九九四・二、坂本、二〇一八）。

また木戸は、速やかに廃藩置県《はいはんちけん》（藩を廃止して県を置き、藩主である知藩事を解職する。かわりに府知事・県令を配する）の実施を唱え、大久保・板垣・大隈を参議に就任させ薩長土肥の四藩で実行するよう主張している。これに対して大久保や岩倉は、政府内の組織整備が優先との姿勢をとった。

なお、廃藩置県の直前の一八七一年六月から七月にかけて、制度改革を議論するため、大久保・後藤象二郎・江藤新平《えとうしんぺい》、木戸、大隈・井上馨らが制度取調会議の出席者に任命されている。七月二七日には大蔵省に民部省の事務を包含させ、民部省を廃止する発令がなされた。

2　太政官制の改革

太政官三院制の成立

廃藩置県後の一八七一（明治四）年七月二九日、太政官三院制が成立する。この改革で、天皇臨席のうえ万機を総覧する正院、実際の行政を行う右院、立法を議する左院が設置された。佐々木高行の日記には「正院・議事局・諸省長官局」という構成が制度取調会議前後にあらわれており、会議実務者の間で早い時期に合意形成されていたことがうかがえる（笠原、一九九四・二）。

正院は、天皇を輔弼する太政大臣、納言（一八七一年八月一〇日からは左大臣と右大臣に変更）、参議で構成された。立法・司法・行政を総括する最高意思決定機関であり、卿の上に立って天皇を補佐する任務が課されている。なかでも三条実美が就任した太政大臣は、政治と軍事を総括する天皇の最高補佐者であり、「立法行政ノ可否ヲ献替」できるとされた。大久保が実力者でも、官制（行政官庁の設置、廃止、組織などを規定したもの）上は太政大臣を頂点とする階級構造が厳然と存在していたのである（内藤、二〇一九）。

参議は定員上限がなしとされ、各省卿を兼任しなかった。国家意思の実質的な決定者ではあるが、天皇の輔弼に直接関与できず、左右両大臣にくらべて国政への参加度は低い。しかし大納言が廃止され、各省卿に在職していた多くの公家や諸侯が閑職化されたのとは対照的に、大臣に次ぐ官職として実権が一層備わったことも事実である。

このように、太政官制では太政大臣の権力が絶大で、その輔弼責任を支えるのが左右両大臣と参議であった。前掲の「大臣納言参議四ケ条誓約書」や、一八七〇年一〇月の時点で三職が一致協力すべきとされたように、三職の連携は以前から目指すべき方針であった。

右院は各省間の事務連絡および調整を担当した。各省事務のなかで他省に関係あるものや正院の決定を要するものは、右院の協議が必要とされている。出席者は卿輔から選出し、結論が得られない場合は、出席者の考えを正院に提示することともされた（中川、二〇〇一・五）。ただ実際は、右院の定期開催は停止され、議事のあるときのみ正院が招集された。佐々木司法大輔は、右院は有名無実の存在であったと評している（門松、二〇一〇）。

左院は立法機関を模したものであり、官選の議官で構成された。しかし議案の最終的な採否の判断は正院側にあった。政体書体制以降の行政機関優位の傾向が、太政官三院制にも継承されていることがわかる（同前）。

岩倉使節団（欧米との不平等条約改正の予備交渉や海外視察を目的とする使節、一八七一年一一月〜一八七三年九月）の派遣も内政に影響をあたえた。一八七一年九月二一日、岩倉らの外遊中に政府を運営する〝留守政府〟の西郷隆盛や板垣らが、太政大臣の三条を補佐し内政処理を行うことを誓約している。また、使節団と留守政府の約定書では、各省卿に欠員が生じても補充はせず参議が任にあたることや、その規模・目的を変革しないとされた。右院が休会の際に議事がある場合は、正院が期日を定めるともされている。

ただしこの時期、正院と大蔵省は主導権争いを繰り広げていた。大蔵省は正院がやりたい放題していると不満をもち、正院は大蔵省の専横がすぎると反発している。大蔵大輔の井上馨は大久保利通大蔵卿の外遊中は大蔵省が正院の採決を待たなくてはならず耐え難いと吐露していた。三条や西郷らは正院と大蔵省の対立を緩和し、政務を円滑に運ばせる役回りであった。権力の分散は、政府による強力な意思決定の障害と認識されていたのであろう。しかし大久保と木戸を外遊先から呼び戻そうとするほど、大蔵省と他省の対立も目立っていた。

各省の割拠性を解消する措置として、一八七〇年に「太政庁」の設置が検討されたこともあった。史料は以下のように述べる。太政官はすべての政務を総括する立場にあるが、各省では長官が事務を管理している。各省に事務を委任する章程（事務を行ううえでの細則）を設けても、政策が方々から出される煩わしさは解消できない。そこで太政庁を新設して各省などを合併し、不要な官職も減らすことで各事務の調整を行う。こうした案の登場は、各省が自律化し、政府の足並みを乱すまでになったことの裏返しといえよう。

太政官制潤飾の実施へ

一八七二（明治五）年九月になっても正院が各省を統轄できない状態は続いていた（中川、二〇〇一・五、内藤、二〇一九）。大隈重信によると大蔵省は、財政事務だけでなく、政務の七、八割を総理しており、正院の会議は常に紛糾していた。大蔵省の強権に対して、嫉妬や怨望が集中していたともされる。一方で制度上、権力は太政官に集中しているため、各省で決定すべき案件も正院で審議しないといけない。この点を大隈は疑問視していた。

太政官への集権か各省への分掌かは、国家の意思決定にとって大問題である。大隈は後藤象二郎・井上馨・江藤新平らと話し合い、強大な「内閣」（大隈は太政官制のもとでの政策決定機関などのことを「内閣」と表現している）の力を各省に分散させることと、重要な国務は「内閣」の会議で決定する方針を打ち出している。大隈はまた、「内閣」が施政の責任を各省に分担させている現状を批判し、各省卿を内閣に入れて、極端な紛議を止めさせようとも考えていた。岩倉使節団の帰国前の断行は気が進まなかったようだが、副島種臣、大木喬任《おおきたかとう》、後藤、江藤を入閣させたことで、政府内の対立は幾分か緩和されたと、後年振り返っている。しかし「内閣」と大蔵省、大蔵省と他省の対立は根本的には解消されなかった。

むしろ一八七三年初頭からの予算紛議によって大蔵省の専断が加速し、正院の主導性は欠如していく（友田、二〇〇五・八、柏原、二〇一〇・一二）。裁判の独立などを盛り込んだ次年度の予算編成を司法・文部両省が要求したのに対し、大蔵大輔の井上馨は財政を理由に拒否したのである。正院の統制や各省間の調整は機能せず、司法・文部両省と大蔵省の対立関係が膠着化《こうちゃくか》している状態であった。

正院のテコ入れについては、大久保利通と木戸孝允を外遊先から呼び戻して、政府の改革を進める案が浮上している。それは、正院が立法権を保持することで各省の権力を抑制し、「議政」と「行政」を分離して「議政」のもとに「国会院」を設立する構想であった（友田、二〇〇五・八）。他方で大蔵省は一八七三年三月に、権限を強化した正院と大蔵省を一体化させることで各省の予算要求を抑え込むという改革を主張している（坂本、二〇一三）。

結果的に一八七三年五月二日、太政官の職制章程があらためられた。岩倉使節団の派遣中に行われたので、「改革」という語は用いず〝太政官制潤飾〟と呼ばれる。これは後藤・江藤・大木ら参議による、各省に対する正院の統制力を高める制度改革であった。正院、特に参議の機能を強化して、大蔵省に対抗しようとしたのである。

太政官制潤飾により、井上は大蔵大輔を辞職し、大隈が大蔵省事務総裁に就任することで、大蔵省と他省の対立は収まった。ただ大隈の就任には異論が多く、三条実美は大隈を退かせようとしている。帰国後の木戸も不満を抱き、大蔵省から退かせるよう三条に求めた。後述する征韓論政変《せいかんろんせいへん》で西郷らが参議を更迭された際にも、木戸は大隈が参議と大蔵卿を兼任することに反対している。

太政官制潤飾と征韓論政変

太政官制潤飾によって、国政の意思決定は正院（内閣）が中心に行うと定まった。正院事務章程からは、内閣が国政処理の実質的な中枢機関であることが読み取れる（鈴木、一九四四）。

立法も正院の特権となり、左院は正院の命を受け、議案を作成する機関になった。法令は原則、正院の事務を担う官僚の内史《ないし》が作成したうえで太政大臣と参議が審議し、天皇の裁可を得て公布される。立法過程が行政の管轄内で処理されることにより、正院の権限強化と左院の弱体化が顕著になった（久保田、二〇一八）。左院議官の宮島誠一郎《みやじませいいちろう》は大久保利通宛の書簡（一八七三年七月二八日付）で、これまでの左院改革でも立法権を保持できていないことへの不満や、議院をおこすことでの立法・行政・司法の平均化を訴えている。右院は引き続き各省卿らによる審議機関とされたが、臨時に開設されることとなり形骸化していった（中川、二〇〇一・五）。

参議は従来通り正院の構成員であり、「内閣ノ議官」ともされ、国政に関与する立場であることが明確になった。参議の機能拡張が太政官制潤飾の特徴である（同前）。ただ天皇の輔弼は、太政大臣と左右両大臣に限られていた。政策を積極的に推進するには、参議を中心とする内閣が正式な国家意思決定機関として確立する必要があるが、当時はそうなっていなかった（坂本、二〇一二）。

大臣が会議に欠席した際、参議のみで政治を処理するという規定もある。しかしこれを参議の権限強化と単純にとらえられないほど大臣と参議の職責の区別は複雑であり、両者は権力的な緊張関係にあった（赤木、一九九一、同前）。岩倉具視が天皇の「聖断」を仰ぐ手続きとして、左右両大臣が奏聞（天皇に意見を申しあげること）し、参議も交替で参加させる方法を考えているのも、大臣と参議の連携による輔弼体制の模索ととらえられよう。

しかしおなじ時期、政府を揺るがす大きな議論が起こった。征韓論である。政府の発足以来、朝鮮との関係が悪化しており、一八七三（明治六）年七月ごろから参議の西郷隆盛が朝鮮への使節派遣に積極的な態度を示していく。この行動に佐々木高行は、元武士のぜいたくを好む傾向を正すため、外国と戦端を開く意思を感じとった。三条実美太政大臣は、自身の征韓延期論に西郷が承服せず、正院が分裂することを恐れ、一〇月一三日に西郷寄りの副島種臣や板垣退助の抱き込みをはかったが、うまくいかなかった（内藤、二〇一九）。

一四日と一五日の閣議で西郷の派遣が支持されると、一二日に参議に就任していた大久保は反発し、辞任を申し出ている。しかし右大臣の岩倉らの巻き返しによって激しい議論が展開され、事態の収拾に動いた三条は執務不能となった。三条の代役に岩倉が就任したことで、征韓は見送られる。

この征韓論政変（明治六年政変）によって、西郷ら複数の参議が下野した。かわりに大隈重信、寺《てら》島宗則《しまむねのり》、伊藤博文、勝安芳《かつやすよし》らが参議に就任し、それぞれ大蔵卿、外務卿、工部卿、海軍卿などを兼務した。年内に三条は政治へ復帰するが、政変への批判が続いたため、西郷らを参議に復帰させようとしている。

征韓論政変に象徴的なように、三条に対しては、政府内での存在感の薄さがしばしば指摘される。しかし、太政大臣に位置する彼の存在は決して無視できず（同前）、右大臣の岩倉とともに天皇に閣議決定を上奏する権能を備え、豊富な政治経験もあった（伊藤、二〇一六）。たとえば、一八七四年の台湾出兵（台湾へ漂着した琉球民を台湾の先住民が殺害した事件〈一八七一年〉を契機とする出兵）の際、大隈が蕃地事務局長官として権勢をふるい、木戸孝允と島津久光（一八七四年四月に左大臣に就任）が大隈排斥に動いたが、三条は大隈の名誉が傷つけられることを憂慮し、岩倉に注意をうながしている。大隈を参議辞任にとどめようともした。岩倉も、三条とともに排斥側との調整役を果たした。

ただし以後も島津は大隈の在職を否定していき、大隈も反発した。両者のわだかまりは、三条や岩倉といえども完全に払拭することはできなかった。

太政官三院制下の閣内統合

太政官三院制下では参議と省卿が職制上も人的にも完全に分離されており、省卿が国家意思の最高決定機関である正院（内閣）に列席できない点が問題であった（中川、二〇〇一・五）。

征韓論政変によって西郷隆盛らが下野すると、大久保利通は、参議と省卿が分離している状態では紛議がおこると考え、一八七三年一〇月に兼任制を導入している。これにより参議兼省卿の閣議列席が可能となった。また国政担当の〝卿〟と省代表者の〝輔〟の区別を明確化することで、各省の割拠性がもたらす弊害の是正も期待された（『大毎』一九三六〈昭和一一〉年一〇月一五日付二面、『報知新聞』一九三八年七月二六日付三面）。

その後に断行された台湾出兵をきっかけに大久保と木戸孝允の抗争が表立ってあらわれる。木戸は日記に、正院へ出仕しないのは台湾出兵論への不服が原因と記している。一八七四（明治七）年四月二二日、木戸は伊藤博文に参議の辞意を伝え、五月二七日には東京を去った。

同じ年には、天皇の輔弼を大臣や参議兼省卿らが行うため、内閣に議定職を置く案が作成されている。閣内統合に果たす大臣や参議の役割には、まだ改善の余地が残されているということだろう。

三大臣の足並みにも課題がみられた。左大臣の島津久光は一八七四年五月二三日、三条実美と岩倉具視に、礼服・租税・兵制の復旧や、陸軍を減少させ海軍を盛大にすることを要求している。もし大久保が異を唱えれば免職を求め、不採用の場合は辞職する意思も示している。結局、政府は採用せず、島津は辞意を表明した。さらに大隈重信の罷免を要求する動きもあり、大隈が三条に辞意を伝える事態に発展した。この混乱に三条が曖昧な態度を示したため、大久保や伊藤が詰め寄る場面もあった。

一方で、下野していた木戸と板垣退助の政府復帰が模索され、「大阪会議」が開催されている。一八七五年一月二六日に伊藤が木戸に会い、立法権と司法権をそれぞれつかさどる元老院と大審院（最高の司法裁判所）の設置、地方官会議の開催、内閣職制の変更といった案を示した。木戸も賛意をあらわし、復帰に積極的となる。

二月九日には木戸と伊藤が大久保を訪ね、民会の開設について語り同意を得た。三月一日、木戸が大久保を訪ねて参議復帰を承知すると、八日に政府へ復帰した。大隈は不満を抱き、政府へ出仕しなかったようである。ほどなく板垣も政府に戻り、一七日に大久保・木戸・板垣・伊藤が政体取調委員に任命された。

元老院の設置と政府内の対立

一八七五（明治八）年三月一八日に政体取調局が開設され、四月七日には木戸孝允らが政体変革の順序や元老院の人選を議論している。一四日に政体改革が公表された。国家意思決定手続きを厳密化した正院の改革、左院と右院の廃止、元老院および大審院の設置などがその内容である（坂本、二〇一三）。

「憲政関係奏議等書類　岩倉文庫一七」という簿冊には、立法機関である元老院の設置構想がみられる。法律の制定にあたっては各省卿から政府に上申し、法律にすべきものはその上申《じょうしん》を施行すべきか否か、必ず内閣が元老院に質問して評決を待つとされた。また、元老院での議論に各省卿は賛否の発言ができないとされている。元老院の評決を内閣に具申することではじめて法律になるともされており、法律案の審査、決定、内閣への報告までを元老院が主導する構想であることがわかるだろう。

実際に四月二五日に設置された元老院は、新しい法の制定や現行法の改正を審議し、建白書を受納する機関とされた。元老院章程の草案に示されていた〝元老院の決議をへないものは、法律としない〟という条件に対しては、大久保利通と木戸が天皇大権を制限するものとして削除を要求している。元老院の設置は、太政官内で完結していた立法過程への関与が狙いとしてあったが、一一月二五日に元老院章程が改正されて以降、元老院の意見書が議案になったケースはほとんどない（久保田、二〇一八）。

一八七五年時点の太政官正院は、内務卿の大久保を中心に、工部卿の伊藤と大蔵卿の大隈重信が脇を固めていた。木戸はこの体制に否定的ながら、相互に補完しあうようになっていく（坂本、二〇一八）。大久保と木戸が政府内で互いに調和していたと大隈は回想している。

対して板垣は太政官への集権を問題視し、参議と省卿の分離を求めていった。分離は「大阪会議」で合意をみていた事項だが、木戸は板垣の急進的な進め方に反発した。ただし両者は大蔵省の改革では協調関係にあり、大隈の更迭をともに迫っている。そこに大久保が大隈をかばうことで、参議の間の協調・対立関係は複雑さを増した。

さらに一八七五年八月二九日、伊藤が元老院の法案審議権を大幅に制限する案を提示したことから、複雑な関係は大臣にまで波及する。板垣は伊藤の提案に反対したが、閣議は伊藤案を採用した（坂本、二〇一三)。すると板垣は島津久光と手を組み、参議と省卿の分離を訴えていく。この時期、島津は礼服復旧などの要求を再度持ち出しており、反政府の姿勢をとる板垣に同調したのである。岩倉具視は三大臣が協力しあうよう説得したが、島津の態度は変わらなかった。

参議省卿分離の議論

板垣退助が円滑な行政運営で重視したのが、参議と省卿の分離であった。国政全般を扱うにあたり、参議が省卿を兼任している体制では支障があるとして、延期されていた参議省卿分離を提案したのである。

三条は分離を支持し、木戸孝允も好意的な態度を示した。木戸には政策決定の総合調整を可能にすることへの期待と、大隈重信を更迭し大蔵行政を長州閥へ引き戻したいという願望があったとされる(坂本、二〇一三)。大久保利通らがにぎる内務・外務・大蔵の要職を木戸配下に交代させる狙いも指摘されている(坂野、二〇〇七)。他方、大久保は、急激な職制の変更は政務の渋滞を招くと反対した。まずは行政事務を審議する「行政院」を設置し、参議省卿分離は様子をみてからと考えていたのである。島津久光は分離に賛成した。

一八七五(明治八)年九月に江華島事件《こうかとうじけん》(日本の軍艦と朝鮮側が江華島でおこした戦闘行為)が発生したのちも、板垣は参議省卿分離を三条に要求していく。しかし大久保は事件の混乱を理由に反対し、木戸も対外情勢の急変により断念した。こうして大久保と木戸の距離は縮まった。一〇月六日に大久保が伊藤博文を介して、三条から分離の実施は熟談を要すると告げられた際、断然止めるべきと訴えている。

一〇月八日の閣議でも板垣は参議省卿分離を訴えたが、出席者の多くは慎重派の三条を支持した。一二日の参議の話し合いでも異議を唱える者が多く、三条は天皇の「聖断」を求めることにした。天皇は江華島事件の落着まで裁断しないとし、現状維持を結論づけたため、板垣は最終的に辞職を選択する。木戸は参議として残り、江華島事件の解決にあたっていった（同前、坂本、二〇一三）。

一方、島津は三条の指導力に疑問をもち、太政大臣の免職を主張している。しかし天皇は、深刻な影響を予想し、難色を示した。江華島事件の処理があるので辞職は聞き届けないとする天皇の態度に、島津は辞意を固めた。以上の経過をへて、島津と板垣は一八七五年一〇月二七日に免官となった。この明治八年の政変を島津と板垣による政権奪取の闘争であったとするみかたがある（内藤、二〇一九）。両者の辞職を境に政局は安定し、朝鮮問題が話し合われていった。

ところが一八七六年三月二日、今度は木戸が伊藤博文に対して、朝鮮問題の一段落を機に、参議省卿分離の議論再開を打診している。大久保と岩倉が秩禄処分《ちつろくしょぶん》の決着を優先したため、木戸は政府に不平をもち、参議を辞任する。翌年一月八日に三条らが復職を説得した際、政府の都合による行為であると木戸は不快感をあらわにした。三条や岩倉が勤務の再開を何度も切望したが、木戸の意思は揺らがなかった。

その木戸が一八七七年に病死し、翌年に大久保が暗殺されると、政府内の力関係は一変する。参議たちが競合した結果、伊藤と大隈重信が政府の中心にすわった。ただ大久保が在世時は、大久保さえ納得すればほかの参議が異を唱えることはなかったが、伊藤と大隈は年齢も政治歴も大久保におよばない。そこで伊藤は制度の重要性を認識し、参議省卿分離を提案していく。参議を国政審議の専任官とすることで、参議を中心とする安定的な国政運営を実現させようと考えたのである（門松、二〇一〇、坂本、二〇一二）。

なお、一八七九年三月付の三条と岩倉による閣議案では、天皇の前で大臣と参議に議論させ、その決定事項を天皇が発布するという意思決定方式が示されている。参議省卿の兼任・分離に限らず、参議を意思決定にどうかかわらせるかという課題は以後も模索され続けていった。

参議省卿分離の導入

伊藤博文の提案した参議省卿分離は、三条実美や岩倉具視の全面的な賛同を得られないまま、一八八〇（明治一三）年二月二八日に導入された。

参議省卿分離の導入過程では、伊藤が病気療養のため、井上馨が交渉を担当した。黒田清隆ら各参議が伊藤の狙いを理解できず警戒した際には、伊藤自ら説得にあたっている。二月二五日の閣議は人事で紛糾したため、二六日と二七日にも黒田らの説得を試みた（坂本、二〇一二）。

筆頭参議をつとめる大隈重信への説得も重要であり、伊藤は二月一八日、彼と同郷の佐野常民《さのつねたみ》を大蔵卿にすることで同意させている。その結果、分離案は二七日に上奏され、翌日裁可された。以後参議は、国政担当者として大臣に劣らない立場を確保し（同前、柏原、二〇一八）、各省に対する統制力も継続させていく。佐々木高行は、参議が各省卿の地位を占めている実状に不満を抱き、相対的に地位が低下した岩倉らも反発した（柏原、二〇一八）。

しかし分離は、太政官正院と各省のつながりを希薄にもするため、伊藤は六部分掌制を導入した。太政官に法制部・会計部・軍事部・内務部・司法部・外務部を設置し、各参議が六部のいずれかを管掌して各省を統制する仕組みである（『大毎』一九三六〈昭和一一〉年一〇月一五日付二面）。さらに伊藤は翌年に、大臣・省卿・参謀本部長などで内閣を構成し、参議を省卿に移行させようと考えているが、岩倉や山県有朋参謀本部長は反対した。

岩倉らの反発は、西南戦争以降の累積債務を解消するための外債導入をめぐって閣議が紛糾した一八八〇年五月、天皇の沙汰にもとづき各省卿が閣議に参加することとなった点にもうかがえる。これは岩倉による主導権奪取の試みであり、参議の統御策であった（坂本、二〇一二）。六月には三条が山県宛書簡で、大臣によって内閣の一致をはかるという意思を伝えている。

一八八〇年一二月、元老院副議長の佐々木高行や侍講（天皇に仕えて学問などを講じる者）の元田永孚《もとだながざね》らが、①参議を廃止し、行政担当者を左右両大臣と各省卿にする、②伊藤と大隈を内閣顧問に据える、③三条を元老院議長とし、現参議から副議長を選任することを申しあわせている（内藤、二〇一九）。翌年一月には、元老院議長の大木喬任とも合意をみた。佐々木には、大臣が参議を統制できない状態をあらためる狙いがあった。参議省卿分離問題や財政問題を契機として、国政運営の主導権をめぐる大臣・参議間のかけひきが激化している様子が窺えよう。

また、自由民権運動も、政府機構に大きな変化をもたらしていく。一八八一年には北海道開拓事業に関連して、開拓使長官の黒田清隆と政商である五代友厚の間に癒着があるとして問題化した（北海道開拓使官有物払い下げ事件）。自由民権運動家は議院開設要求の度を強め、政府は一八九〇年を期して議院を開設するという国会開設の勅諭を発布した。

おなじ年、大隈重信は早期に国会開設を求める意見書を政府に提出している。これは優遇された大臣の地位に変更を迫るものだったため、岩倉は井上毅《いのうえこわし》に意見書の反駁を検討させた。また岩倉は井上毅らに憲法起草手続きの諮問を行い、ドイツ流をモデルとした方針を決定した。

北海道開拓使官有物払い下げ事件によって大隈の政府追放が決まる。この明治一四年の政変を機に伊藤が筆頭参議となり、参議の結束をはかっていく（坂本、二〇一二）。

一八八一年九月一四日、伊藤は井上毅に、内閣制度改革案の起草を依頼した。大臣と参議の平等化と内閣の権威強化が狙いであり、参議の国政参加を制度的に保証する彼の持論が貫かれている。井上は『内閣職制意見』をあらわし、国務大臣兼行政長官が内閣を構成し、天皇を輔弼するという構想を示した（吉井、一九八一、森田、二〇一〇）。

くわえて一〇月一一日の御前会議で提出された薩長七参議による立憲政体の奏議は、伊藤の主導によるものであり、イギリス流を否定し岩倉らの考え方も婉曲的に否定していた。それに対して岩倉は、参議と省卿を兼任に戻すべきと主張し、伊藤の思い描く大臣と参議の対等な関係を否定した（坂本、二〇一二）。岩倉にとって太政官制は、参議省卿兼任が前提だったのである。

結果的に一八八一年一〇月二一日、参事院が新設された。参事院は法案や規則の起草・審議、各省に対する政策統合、地方官と議会の調停などを担う機関であり、初代議長に伊藤が就任した（山崎、一九四二、門松、二〇一〇）。参事院が太政官六部の機能を吸収したため、六部分掌制は廃止され、参議省卿兼任制が復活する。また一一月には、各省卿の所管する法規への副署（天皇の署名に加えて輔弼者が署名すること）制度が導入され、各省卿は参事院の補佐を受けながら主管事務への責任を負うことになった（井出、一九八二）。行政機構の整備が参事院の設置にとどまった要因を、伊藤の威信の欠如に求める見方もある（坂本、二〇一二）。

3　内政と国防への対応

軍事機構と統帥権独立の誕生

明治政府による強力な行政運営を考えるうえでは、軍との関係も見逃せない。太政官制の成立以降、軍事に関する一切の輔弼を太政官が管轄していたからである。そこで以下では、新政府の誕生以降の軍事機構の変遷を追っていきたい。

まず一八六八（慶応四）年一月の事務分課によって、陸軍と海軍がはじめて官制として制定された。西郷隆盛は陸海軍が国家を保護する必要性を認識しつつ、財政を無視した軍の充実は国力の疲弊を招くと注意もあたえている。長州藩出身の大村益次郎《おおむらますじろう》らによって六月に設置された軍務官は、戊辰戦争の終結後をみすえ、兵権統一の妨げになる大藩の藩兵の排除を目的とした措置であった（大島、二〇一八）。

その後、軍務官の下に陸軍局と海軍局が設置され、軍務官知事には小松宮嘉彰親王が就任している。伊藤博文も「陸海軍務ヲ両局ニ分ツベキ事」を構想していた。一八六九（明治二）年に軍務官は兵部省に改組され、軍事事項は兵部卿（陸海軍省の設置後は陸軍卿と海軍卿）が管理し、太政大臣の輔弼によって天皇の軍事大権を発動することになった。以後、一八七八年の参謀本部条例の制定までは、制度的には陸海軍卿よりも上位の軍事機関は太政官以外に存在しない（雨宮、一九九七）。

一八七一年、兵部省内に陸軍参謀局が設置され、陸軍の作戦用兵（「用兵」は兵を動かすこと）を担当することになる。翌年二月に兵部省が廃止され、陸軍部と海軍部が省に昇格し、陸軍省参謀局となった。一八七三年三月一二日には参謀局が第六局と改称され陸軍省の内局となるが、翌年二月一九日には陸軍省の外局としての参謀局の設置が、山県有朋によって上申されている。二二日に参謀局は陸軍省に隷属する組織となり、参謀局長には山県が就任した。

一八七八年七月、駐独公使付武官を終えて帰国した桂太郎は山県に、参謀局の拡張と陸軍省からの独立を進言し、その結果、一二月五日に参謀本部条例が制定された。ここに行政府から独立した軍令機関（攻守の作戦計画を策案するなどの戦略を担う統帥機関。本書では「統帥機関」や「統帥部」とも表記する）が誕生したのである。二四日、初代参謀本部長に就任した山県は、参議を兼任し、政府と参謀本部の連携をはかっていく（森松、二〇一三）。

海軍にも参謀本部を設置する意見があったが、一八八〇年一二月二一日に山県と西郷従道《さいごうつぐみち》前陸軍卿は「海軍ニ参謀本部不要ノ意見」を作成している。彼らは陸軍と海軍の性質の違いから設置を否定した。軍議を分ければ混乱することや、現状で海軍は組織が整っていることを、その理由にあげている。海軍をさらに充実させるなら、海軍省を廃止し、海軍本部を設置して直隷とする方法がよいとも提案した。翌年ごろにも海軍に参謀本部を設置し川村純義《かわむらすみよし》を長にする意見が出たが、やはり山県と西郷は反対した。陸軍が両軍を統率する方が軍全体のまとまりも強化されるという考えは、両者の間で共有されていたのである。

結局、海軍には軍令機関は置かれなかった。参謀本部の下に海軍部が置かれたこともあったが、一八八九年に再び海相の下に復帰している。海軍省から軍令機関が独立するのは一八九三年のことである（大島、二〇一八）。

陸軍省の発足から参謀本部の設置までは、太政大臣が陸軍省を通じて軍令事項を統制していた（門松、二〇一〇）。ただし、陸軍省が太政官の干渉を排除する傾向もあった。そこで西南戦争では、征討総督である有栖川宮熾仁親王が、一切の軍事・人事について天皇から委任を受けている。太政大臣の輔弼は必要とせず、陸海軍卿の関与は排除され、「参軍」が征討総督を補佐することになった。実質的には参軍が総指揮官であり、山県陸軍卿と川村純義海軍大輔が任命されている。山県が目指したのは軍の統帥から文官の関与を排除することであった（大江、一九八五）。

翌一八七八年に設置された参謀本部は作戦用兵を担当し、太政官から分離・独立して天皇直隷《てんのうちょくれい》となる。太政大臣の統制はきかなくなり、陸軍卿の権限外ともされた（大江、一九九六、門松、二〇一〇）。

陸軍による統帥権の独立（軍隊の作戦用兵に対する最高指揮権は、一般的な国務から独立すること）が始まったのである。一二月一三日には指揮系統の実施機関であった監軍部も軍政機関から独立した。ただし陸軍卿が軍令機関の権限を放棄したわけではない。したがって軍政事項と軍令事項の区分けは今後も不明確であり続け、それが国務機関と統帥機関の権限争いを深めていく。

国防会議の設置

一八七〇年代は、江華島事件や西南戦争といった戦闘行為と併行するように、軍事機構の整備が進んだ。一八八〇年代以降は特に、国外からの有事に備えた措置が講じられていく。

岩倉具視は一八八二（明治一五）年八月、陸海軍の拡張を主張している。彼は、不測の事態がおこったとき、現状では国内を防禦できないと考えていた。

一方、参謀本部次長の曽我祐準《そがすけのり》は大山巌陸軍卿に、「防国会議」の設置を提案した。江華島事件後の朝鮮半島の情勢緊迫化を理由に、陸海軍協同の機関を設置して、統一ある国土防衛政策を実施すべきというのである。一八八三年三月二七日には、陸軍少将で陸軍工兵会議議長の今井兼利《いまいかねとし》も国地防禦会議の設立を建議している（原、一九九六・三）。

海軍でも協同機関の設置を意図しており、一八八四年一一月八日に西郷従道前陸軍卿が川村純義海軍卿とともに国防会議の設立を上申した（森松、二〇一三）。海に囲まれた日本では、陸海軍の協力なしに防禦は万全とならないことや、防禦を強固にするには両軍が協同で計画を遂行させるしかないことが述べられている。陸軍ではこれまで、参謀本部に海防局を設置して海岸防禦を研究し、海軍でも鎮守府で防禦に関する業務を行ってきたが、万全とはいえない。そこで国防会議を設立して防禦方法を連絡しあうことにより、国家防禦の基盤を強固にすべきとの結論に至ったのである。

国防会議案を審査した参事院は一八八五年三月二三日に、国土の防禦には、経験豊かな将官（大将、中将、少将）が議論するのがよいとの結論を下した。清仏戦争の勃発など、今後の情勢は予測しがたいため、防禦事務に着手しなければ災いを予測できないとも述べ、設置には理があると評価している。以上の検討を経て、国防会議条例は四月一〇日に制定され、海防局は廃止された。

国防会議は、皇族の議長と老練な将官で構成され、国地防禦を審議し、陸海軍の連絡を密に行うことなどを任務とした（防衛庁防衛研修所戦史部、一九七九、原、一九九六・二〇〇三、森松、二〇一三）。「明治十八年　公文録」に収められた国防会議条例案と考えられる第二条は、国地防禦にかんする法令や重大事件の審議を行うことなどを規定している。第三条には、議案は陸海軍卿の奏請によって勅命により下付すること、第四条には、議長が国地防禦の重大なものの案を作成し勅許を得て議案とすることなどが列挙されている。「国防会議ヲ置キ条例ヲ定ム」という史料にみられる内容もほぼ共通している。要塞城郭などの永久築城にかかわるものの設置や廃棄、鉄道・電信・道路・河港の新設改築などの国地防禦に関する重大事件を国防会議で審議したのだと考えられる。

しかし、国防会議が決定機関ではなく審議機関であること、また陸軍卿と海軍卿が会議構成員でないことが問題視されていった。一八八五年八月に行政整理の一環として、陸海軍を合併した参謀本部の設置が井上馨外務卿から提案されたことも、国防会議の去就に影響を与えた（原、一九九六・二〇〇三）。

その結果、国防会議は翌年に廃止された。参謀本部のなかに陸軍と海軍の二部を設置し、国地防禦は参謀本部長の計画に委ねることとなったのである。

なお、参謀本部と海軍省軍事部（一八八四年に海軍省の外局として設置）の合併話が浮上した際には、参謀本部が拒否している。陸軍と海軍は「精神ノ合併」を行うべきであること、また業務が分けられているのは任務が異なるからであり、かりに合併させても、結局は別々の区分を設けることになるというのが理由であった。両軍の割拠性、および〝陸主海従〟の意識が垣間見られよう。

4　内閣制度の発足

太政官制の見直し

伊藤博文の太政官制改革構想に話を戻す。彼は一八八二（明治一五）年から欧州で憲法調査を行い、特にウィーン大学のシュタインから影響を受け、君主や立法府から自律した行政府中心の国家システムを理想と考えていく（前田、二〇一八）。シュタインはまた、国務各大臣の統一意見を閣議に出せば、内閣が連帯責任を負うと考えており、伊藤も理解を示している。

一方、参事院議官をつとめた井上毅は、連帯責任制と関連が深い議院内閣制を排除する姿勢をとった。議院内閣制は天皇親政と矛盾するとみるのである。岩倉具視もイギリス流の議院内閣制と連帯責任制を否定したため、〝岩倉・井上毅〟と〝伊藤・シュタイン〟という対立関係が浮かびあがってくる（荒邦、二〇〇九）。

伊藤は一八八五年ごろ、決断力に難がある三条実美を太政大臣から降ろそうと考えており（西川、二〇一八）、さらに太政官制を廃止し、首相と国務大臣からなる内閣制度を構想していた（久保田、二〇一八）。大臣と参議が対等な権限をもつという持論を内閣制度で実現しようと考えていたのである（坂本、二〇一二）。

しかし明治天皇は反発し、一八八五年六月一一日に右大臣補任論という対案を示した。三条や宮中も、一八八三年七月の岩倉の死後空位となっていた右大臣に参議からの就任を認める改革を提案し、急激な内閣制度への移行を否定した（同前）。三条は、首相が一人の内閣制度では薩長の均衡が保てず、紛争が起ることを危惧し（鈴木、一九四四）、伊藤を右大臣に、あるいは伊藤を左大臣・黒田清隆を右大臣に据えようと考えていたのである。伊藤も黒田の右大臣補任へと傾斜し、抜本的な制度改革の機会をうかがうことにした（内藤、二〇一九）。そこに天皇が、黒田と伊藤を参議の上位に位置づけて省務を総理させることと、右大臣の名称は使用しないことを求めている（坂本、二〇一二）。

佐々木高行工部卿は、一八八五年一一月一八日の閣議で黒田の右大臣就任に反対した。士族参議は徳望に欠ける者が多く、特に黒田は適していないというのである。結局、黒田が辞退し、かわりに懇請された伊藤も辞退したため、伊藤の主導で内閣制度の創設へ動き出していく。薩長の均衡と太政官制の強化を希望していた三条も、賛成にまわった（内藤、二〇一九）。

一八八五年一二月二二日に三条が太政官制を内閣制度にあらためるよう奏議《そうぎ》し、内閣制度が発足した。初代首相には伊藤が就任した。

同日には首相の職責を中心とする内閣職権も制定された。その第一条には「内閣総理大臣ハ各大臣ノ首班トシテ機務ヲ奏宣シ旨ヲ承テ大政ノ方向ヲ指示シ行政各部ヲ統督ス」とあり、首相に国務各大臣への指示権や統督権《とうとくけん》が付与されている。首相が天皇へ機務の奏宣《そうせん》を行う唯一の存在とされ、それが大宰相主義の根拠となった。さらに一八八六月九月七日の機務六条第一項によって、首相が奏請《そうせい》した場合以外、実質的に天皇は内閣に臨御しないことになったが、これは名実ともに首相を中心とする体制が完成したことを意味する（坂本、二〇一二）。軍令事項についても内閣官制第六条で、首相が軍部大臣を介して状況を把握するよう規定していた。

伊藤博文

なお太政官制では、政策決定権をもつ太政大臣・左右両大臣・参議と、もたない各省卿が区別され、各省は一定程度の独立性を保持していたが、内閣制度では各省長官を兼ねる国務大臣が輔弼責任を有し、国政を担うことになった（久保田、二〇一八）。一八八五年一二月二六日には、首相が国務各大臣に対して、省務を整理するための綱領を示している。各省は定員の範囲内で参事官を設置し、審議立案させることができるともした。翌年二月二四日には、法律や命令の格式を定めた公文式《こうぶんしき》が制定された。このなかでは、法律や勅令は首相から上奏裁可を仰ぐことや、首相が副署しなければ公的なものとならないことが盛り込まれており、事務手続きの面から首相の強大な権限を保証している。

首相の権限

憲法の起草作業も進んでいく。伊藤博文は、一八八七(明治二〇)年六～八月に検討された「夏島《なつしま》草案《そうあん》」で国務各大臣が天皇を輔弼するという大臣輔弼の原則を明確にし、行政権の統一主体が内閣にあることを示した。翌年二月の草案では、井上毅の主張する各大臣の平等性も盛り込まれた(前田、二〇一八)。最終的に、一八八九年二月公布の大日本帝国憲法では、第五五条に国務各大臣が単独で天皇への輔弼責任をもつという国務大臣単独輔弼責任制が規定され、法律や勅令などに各大臣の副署を要することも明記された。

ただ国務大臣単独輔弼責任制は、大宰相主義を掲げた内閣職権の内容と矛盾する。そこで井上毅が官制調査委員長になり、一八八九年一二月二四日に内閣職権を内閣官制へと改正した。その第二条には、「内閣総理大臣ハ各大臣ノ首班トシテ機務ヲ奏宣シ旨ヲ承ケテ行政各部ノ統一ヲ保持ス」と記されている。首相は他大臣への指揮命令権をもたない〝同輩中の首席〟となり、法令への首相の副署は廃止された。公文式第三条も、各省専任の事務にかんするものは主任の大臣が副署すると改正された。

法学者の副島義一は、「統一ヲ保持」する方法が、妥協をはかり、希望を陳述し、説服する(説きふせる)ぐらいであるとし、首相権限の後退ととらえる。元内閣法制局長官の高辻正己《たかつじまさみ》は、国務各大臣が首相に反対すれば内閣総辞職へいたってしまうとする（新井、一九九九・七）。内閣官制第四条（法令への副署）と第六条（主任大臣の閣議請求権）を根拠に、主任の大臣の権限が強化されたとする解釈もあった（赤木、一九九一）。

ただし美濃部《みのべ》達吉《たつきち》は、首相は他の国務大臣より優越していると解釈する（森田、二〇一〇）。また首相は、行政上の機務を奏請する権限や、行政各部の処分・命令を中止する権限を依然保有した（久保田、二〇一八）。伊藤首相が森有礼《もりありのり》を、大隈重信首相が尾崎行雄《おざきゆきお》をそれぞれ文相に据える主導性も確認できる（新井、一九九九・七）。このように首相の位置づけをめぐっては、内閣官制前後で維持されたのか低下したのか、見解が分かれている。

また美濃部は、閣議付議案件が内閣官制第五条に列記されている点から、閣議が国務各大臣の連帯責任を負う場であると主張する（荒邦、二〇〇九）。各大臣は自身の所管事務に対して閣議決定をまつほかなく、内閣が連帯責任制を採用したとみる見方である（新井、一九九九・七）。そのほか、国務大臣と行政長官の兼任が通常の形態とされたことで、国務大臣が各省の代弁者となる傾向が強まった。内閣官制第一〇条の「各省大臣ノ外特旨ニ依リ国務大臣トシテ内閣員ニ列セシメラル、コトアルヘシ」という規定は、行政長官を兼任しない国務大臣（無任所相）が設置できるという解釈を残すことになった。

軍事面では、憲法第一一条の「天皇ハ陸海軍ヲ統帥ス」にもとづいて天皇の統帥大権が明確になった。さらに、内閣官制第四条によって、軍事関係の勅令は帷幄上奏《いあくじょうそう》（統帥部長や軍部大臣が、閣議を

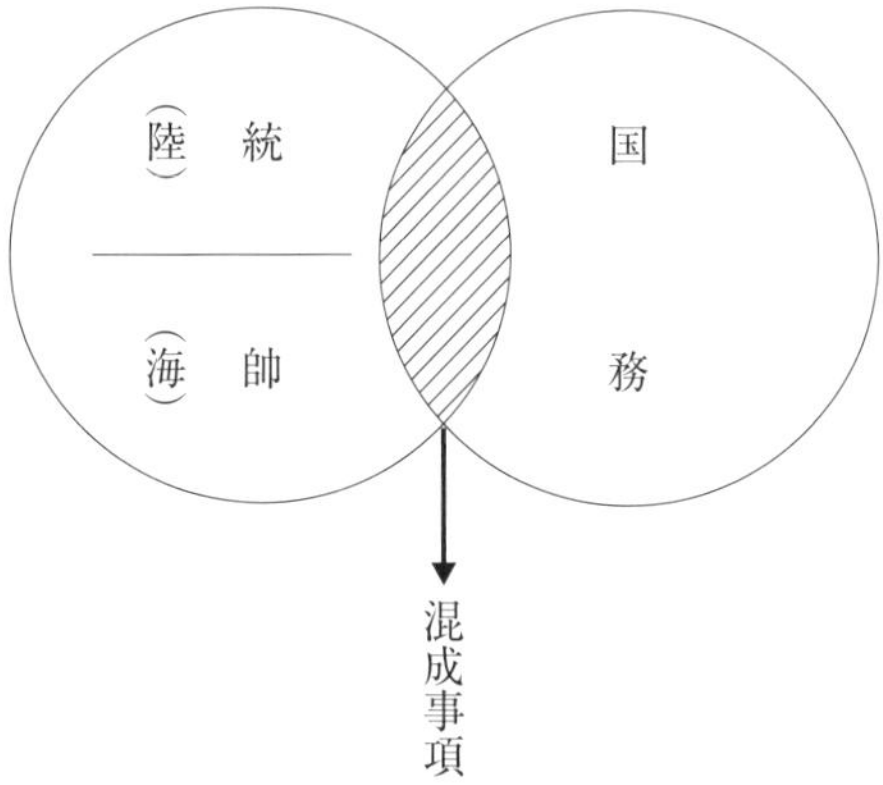

図4　混成事項
・国立公文書館所蔵「別冊第二　戦争指導機構（案）」の「第一　国務ト統帥トノ関係」（「極東国際軍事裁判弁護関係資料238　第五類（イ）法務大臣官房司法法制調査部」分類…法務省、平成11年、排架番号…4B-21-2805）から。

経ずに、統帥事項を直接天皇へ行う上奏）で成立するとされた。勅令の帷幄上奏は、第一次伊藤内閣期には参謀本部長の単独上奏か海相との連帯上奏に限られていたが、黒田清隆内閣で範囲が拡大していた（永井、二〇〇二）。第四条はその確認といえる。

憲法第一二条の「天皇ハ陸海軍ノ編制及常備兵額ヲ定ム」（「兵額」は兵士の人員などを指す）にもとづく天皇の編制大権については、おもに陸海相の輔翼（補佐）によるとされた。軍政と軍令の切り分けが難しい〝混成事項（【図4】参照）〟のうち軍機軍令（「軍機」は軍事上の機密）の性格が強い事項も、補佐の対象とされている（森松、二〇一三）。しかし陸軍は、軍事にかかわる勅令をすべて「軍令」と解釈しようとしていた。井上毅が、軍事は勅令で施行し国務大臣が副署するのが憲法の精神だと批判したものの、軍が内閣から独立している以上、軍の統制には高い壁があった（大江、一九九一、滝井、二〇一〇）。

なお、内閣制度発足から日清戦争直前までの軍事組織は、以下の変遷をたどっている。

一八八六年二月に制定された陸軍省官制によって、陸相は参謀本部長と同格になった。陸相を武官とする制度も設けられている。また、参謀本部には海軍の軍令事項を統合する権限も与えられていたため、海軍は一八九二年に参謀本部と海軍軍令部を併置する案を閣議へ提出した。陸軍は反対したが、翌年五月に海軍軍令部が設置され、陸軍から完全に独立している（手嶋、二〇一五）。

ただし一〇月三日の参謀本部条例の改正によって、参謀本部が政治・軍事両方に関与する可能性が拡大した。さらに一九〇八年一二月八日の改正では、戦時（国家の交戦開始の意思表示〈宣戦や最後通牒〉を経た戦争の期間）の作戦用兵計画に必要な軍政事項を、参謀本部の管轄範囲に収めるとされ、軍令権の軍政権への進出が加速していった（纐纈、二〇〇五）。

政権基盤の動揺と対応

内閣制度とともに発足した第一次伊藤博文内閣は、欧米との不平等条約の改正交渉を進めたが、批判を受けた（坂本、二〇一二）。それにともない井上馨外相が辞職したため、伊藤は黒田清隆を通じて、大隈重信に入閣を打診した。

一八八八（明治二一）年四月に黒田内閣が成立すると、大隈外相は条約改正交渉を開始していく。大隈は大審院の判事に外国籍の者を入れる案を提示し、黒田が信用をあたえるかたちで交渉は強行された。しかし後藤象二郎逓相・山県有朋内相・松方正義蔵相らが反対し、閣議は機能不全に陥る（御厨、二〇〇一）。藩閥勢力のもとでは、国務各大臣への首相の指示統督権に限界があることを露呈する結果となった（三上、一九六五）。

条約改正問題を、一八八九年二月の大日本帝国憲法発布後から追っていきたい。陸奥宗光駐米公使は三月二九日付の大隈宛書簡で、外国に本籍を置く裁判官数人を大審院に任用すべきという日米の条約内容が、憲法に抵触するのではないかと質問している。大隈は反論した。

九月二二日には天皇が、国務大臣のみでは議論が尽くせないため、枢密顧問官を加えた合同会議の開催を促している。しかし枢密院議長の伊藤は反対した。一〇月ごろには違憲を理由に、宮中側近の元田永孚や政府関係者が伊藤に反対を迫っている。一〇月一五日の会議で大隈が陳述した際には、後藤が逐一批判する場面もあった。一八日の閣議は山県の中止論へと傾斜した。

ところがその一八日に大隈が遭難し重傷を負うと、事態は急展開をみせる。翌日、黒田と山県は天皇へ条約改正交渉の延期を報告し、二二日には閣議決定した条約改正を履行しなかった責任を問うかたちで、内閣総辞職が考慮されたのである。実際は黒田のみが辞職したことから、国務大臣単独輔弼責任制への意識が高かったことが窺えよう（村瀬、二〇一二）。黒田が閣内不統一を招いたことがこれまでの大宰相主義を見直す原因となった。

その結果、内閣官制が制定され、内閣職権にある首相権限が削減された。一つの省（今回は外務省）の失策を内閣の連帯責任にしないことで、政権の強化を狙う措置である（三上、一九六五）。今回の混乱を内閣制度の問題とし、薩摩閥（黒田は薩摩藩出身）の体面を取り繕ったという見方もある（村瀬、二〇一二）。

一方で政権強化には、積極的な閣内の統合強化も必要である。一八九一年五月に発足した第一次松方正義内閣について大隈は、周囲が内閣を支援する申し合わせが存在していたと証言する。元勲（明治維新を経て国家を創設した人物という意味あいで使用されることが多い）が内閣に介入するという実態にもふれている。そのせいか、大津事件（ロシア皇太子ニコライが日本人巡査に切りつけられた事件。内閣は大逆罪の適用を迫ったが、大審院長の児島惟謙《こじまいけん》がそれに屈せず司法権の独立を守ったことで知られる）の結果、元勲級の閣僚が退くと、政権は弱体化した。

その対応策として、八月一二日に、首相の指揮を受ける内閣政務部が新設され、政務部長に陸奥宗光農商務相が就任した。政務部長は内閣書記官長や法制局長官らに対する指揮命令権をもち、政策課題の集約にあたる。また、一八九〇年に開設されていた帝国議会や政党との交渉・調整を行い、国務各大臣は政務部長と協議する方式をとった。帝国議会に対して各大臣の意思統一をはかり、内閣の方針を統一したうえで世論へ訴える狙いが窺えよう。

政務部は、一八九一年九月に陸奥が辞任し松方首相が部長を兼任したことで、事実上解体されたが、一二月二五日の第二回帝国議会の解散時に、松方自身が部の規約を復活させている。内閣が一致して議会解散に対応することを、陸奥ら解散反対派に約束させたのだった（御厨、二〇〇一）。

政軍関係と省部関係

日清戦争を数年後に控え、戦争の気運が高まりつつあった第一次松方正義内閣下の政治と軍事の関係は、どのような状態だったのだろうか。

陸軍少将の児玉源太郎《こだまげんたろう》は、野村靖《のむらやすし》駐仏公使と国防会議の設置を話し合っている。天皇臨御のうえ、有栖川宮熾仁親王・伊藤博文・山県有朋などが議論することで政戦両略（政略と戦略）の一致をはかる構想であった（小林、二〇一三）。

松方内閣は、一八九一（明治二四）年七月に陸相と陸軍次官の武官専任制を廃止したため、文官の大臣や次官による軍政の統轄が可能となった。伊藤は反対したが、軍令に対する軍政の優越という点では共感していたと思われる。というのも、伊藤は自身の内閣下の一八九三年、帷幄上奏の範囲を〝戦略上、軍令に関するもの〟に限定する内閣官制改正案を検討し、陸海軍の編制および常備兵額は閣議を経ることを構想しているからである（同前、小林、二〇二〇）。政治と軍事の意見一致が重要と認識しつつも、両者の管轄をめぐる意思疎通が思うように進んでいない様子が伝わってくる。

翌年には陸軍次官から陸相に、帷幄上奏と閣議付議事項にかんする区分が提示されている。このなかでは、純粋な国務事項に関するもの以外は、帷幄上奏の対象に分類していた。つぎに、閣議付議事項とそうでない事項を列記している。軍機軍令の性質があるものは内閣を介する必要はないが、平時のものは閣議へかける必要があるという分類もあった。なお、日清戦争後の話だが、大山巌《おおやまいわお》陸相が〝陸軍文官の欠員に関する雇員の給料〟という国務事項を、帷幄上奏したうえで閣議にはかった際、激怒した伊藤首相は大山の請議を退けている（小林、二〇一三）。

さらに伊藤は一八九六年四月二九日、行政事項に関係あるものや閣議を得ないと支障が生じるものは、軍機軍令事項であっても上奏前に閣議にかけるという通牒を陸海相に発し、運用ルールを徹底していった（同前）。ただその後も、軍政・軍令両事項の切り分けは曖昧であり続け、それが内閣と軍、軍政機関と軍令機関の対立の原因となっていく。

一方、すでに述べた海軍軍令部の独立は、作戦用兵の専門部署を海軍にも設けることで、軍務の効率化を狙う措置であった（平松、二〇一三）。海軍軍令部長と立場がほぼ同格になった参謀総長は反発したが、一八九三年五月一九日に制定された戦時大本営条例では参謀総長が陸海軍部を統轄することになり、折りあいがついた（防衛庁防衛研修所戦史部、一九七九）。

二　日清・日露戦争期の内閣

1　日清・日露戦争の戦争指導体制

日清戦争の戦争指導体制

日本にとって本格的な対外戦争は日清戦争である。日本は一八七〇年代、江華島事件をきっかけに朝鮮を開国させたが、一八八〇年代の朝鮮国内での壬午《じんご》・甲申《こうしん》両事変を経ると清の影響力が増大し、日清両国は対立の度を高めた。

陸軍は開戦にむけ、一八九三（明治二六）年二月に戦時大本営条例案を海軍に提示している。大本営という最高統帥機関を設置するにあたり、幕僚は陸海軍の将校で構成され、文官の列席は否定された（森松、二〇一三）。戦時大本営条例は五月に制定された。

大本営は一八九四年六月五日、参謀本部内に設置され、宮中から広島へと移動していく。設置直前、その編制をめぐって陸海軍が対立した。陸軍は大本営に陸海相を参加させるよう要求したが、海軍が除外を唱えたのである（大江、一九九一）。参謀総長を頂点とする機構内に海相が組み込まれる危険性を排除する意図があった。最終的には参謀総長が大本営幕僚長として陸海軍の軍令事項を統一することになる（大江、一九八一・八、桑田、一九八五・三）。

　開戦が迫る六月二二日の御前会議で第二次伊藤博文内閣は、清に対する戦争決意を表明する。御前会議の参加者は、井上馨を除く全閣僚、山県有朋枢密院議長、有栖川宮熾仁参謀総長、川上操六《かわかみそうろく》参謀本部次長、中牟田倉之助《なかむたくらのすけ》海軍軍令部長、松方正義であった。開戦過程では、伊藤が軍および外相に対して優位性を保っている（佐々木、二〇一八）。

　七月一七日には宮中で初の大本営御前会議が開催され、有栖川宮以下、大本営首脳が列席した。以後、毎週火曜と金曜に開催されることとなる（森松、二〇一三）。本来、伊藤首相は大本営御前会議に出席できないが、天皇に奏請した結果、二六日に出席が認められ翌日の会議から列席することになった。外交・政略・財政の関係上、首相が軍事行動を承知する必要があるとの判断による。首相の列席は、大本営が天皇直属の最高戦争指導機関に変化したことを意味する（大江、一九九一）。

　また、山県も天皇の特旨によって七月一七日の大本営御前会議に列席し、開戦決定に参画した。さらに翌年一月二七日以降は、講和問題の具体化の必要から、陸奥宗光外相も列席することになった。大本営が実質的な戦争指導機関として機能している様子は、大本営内に文官部が設置され、首相・外相・枢密院議長が参加したことからも窺えよう。伊藤のもとには、外交や軍事に関する諸々の情報がもたらされた（大澤、二〇一九）。

　なお開戦後、陸軍内では〝戦時〟の開始時期が検討されている。このなかでは、宣戦の詔勅がなされた日を以て戦時と公認されたと解釈している。一方で、宣戦詔勅の公布日にかかわらず、戦闘行為が成立した日から始まるという心構えも示された。検討の内容が陸相から閣議へ報告されていることから、戦争遂行上の重要事項であった様子が窺える。

伊藤博文首相の役割

日清戦争において伊藤博文首相は文官と武官の協調を呼びかけるなど、最高指導者としてふるまった（御厨、二〇〇一、佐々木、二〇一八）。また朝鮮での戦闘行為に備えて山県有朋と大山巌が出征したことで、大本営での伊藤の発言権が一層強まった。

その反面、山県を軍司令官とする出征軍が、大本営の命令を無視する可能性も出てきた。一八九四（明治二七）年八月三〇日に天皇は、政府主導の戦争終末指導を軍首脳に伝えている（大江、一九九一）。政戦両略の一致をはかり、終戦の時機を誤らないようにも諭した。これは伊藤の献策によるといわれる（森松、二〇一三）。

伊藤は一八九四年一二月四日、軍部が計画している北京《ペキン》と天津《テンシン》の攻略に反対し、山東《さんとう》半島の威海衛《いかいえい》の占領と台湾征服を提案した（小林、二〇〇四・九）。伊藤の筆かは不明だが、「伊藤博文関係文書」に収録されている「日清戦争策戦意見書」を参照すると、朝鮮の制圧以降、清の首都である北京を陥落させる目的であったが、氷結のため運輸と交通に問題があり、敵が完全に戦力を喪失したわけでもないと述べ、困難が伴うとしている。さらに、①各国の干渉を招くこと、②清が無政府状態に陥った場合、日本と和平交渉するのが清国人でなくなること、③天候によって力を摩耗し和戦の機を失うこと、への危機感が列記されている。

逆に「タイムス社」は北京を陥落させない限り清の死命を制することにはならず、日本軍は簡単に北京へ侵入できるとの内容を掲載している（一八九五年二月一七日付）。『米国桑港新聞』（同日付）も、日本が北京を占領すれば講和条件は思うがままになり、兵を進めないなら講和条件が覆る可能性があると指摘した。

しかし伊藤の決心は一貫していた。現地の山県はかねてから北京陥落を念頭に置いた作戦を計画していたが、それは大本営の方針に違反する行為であった（大江、一九九一）。伊藤は山県を更迭するように動き、さらに一八九五年一月二七日の大本営会議で講和にむけた終戦指導を閣僚が進めることも要求した。その結果、北京攻めは見送られ、講和会議を通じて日本が台湾割譲を主張する政略作戦として、澎湖《ほうこ》列島を占領する（大江、一九八一・八、一九九六）。

また、戦争末期、伊藤は征清大総督《せいしんだいそうとく》を任命し、戦地に前進させる必要性を唱えている。戦地に大本営を移転するという意見も出たが反対も多く、征清大総督に全軍の指揮と将官以下の任免権を与えるとの規定を草案に盛り込んだ。〝中央の大本営〟と〝戦地の征清大総督府〟という作戦機関の分化を意図した対応である。一八九五年三月一六日には小松宮彰仁親王《こまつのみやあきひとしんのう》に征清大総督を任命する勅語が発せられ、出征全軍の指揮と将官の任免補叙の権利が保証されている。大本営の作戦に必要なさまざまな機関の一部を征清大総督府に従属させることにもなった。

第一次桂太郎内閣期の意思決定過程

日清戦争の勝利後、日本はロシアへの警戒心を高めていく。下関講和条約で得た遼東《りょうとう》半島を清へ返還させられ、かつ、一九〇〇（明治三三）年の義和団《ぎわだん》事件（清で起った義和団による排外運動。清国政府もこれを援助し、列強との戦闘行為に発展した）を契機とし、満洲とよばれる中国の東北地方にロシアがとどまり続けたことが背景にあった。

この間の内政をみると、内閣制度の創設から一九〇一年までは、第一次大隈重信内閣（隈板《わいはん》内閣）を除いて元勲級の人物から首相が選定されている。一八九八年までには、元勲と少し下の階級を対象に、「元老」という呼称が定着した（伊藤、二〇一六）。元老には憲法上の根拠はないが、天皇に後継首相を奏薦したり、戦争や財政などの重要国務審議を行う元老会議を開催したりし、決定の効力は閣議よりも上と位置づけられた（千葉、二〇一二、二〇一八）。その元老が、日露戦争で重要な役割を果たしていく。

第一次桂太郎内閣は、安全保障面で、元老と閣僚の会議で決定された事項をすべての決定に優先させた。一九〇三年五月一二日、すみやかな軍備充実を求めて奏上した大山巌参謀総長は、六月一二日にも武力も辞さない韓国（大韓帝国、以下一八九七～一九一〇年の間は韓国と表記）問題の解決を上奏した。それに山本権兵衛《やまもとごんべえ》海相らが反対した際には、桂首相が閣議を開催したのち元老にはかり、五元老・四閣僚からなる御前会議を奏請している。桂の考え方とは異なる日露協商論（満洲の経営権と韓国への優越権を日露両国で認めあう考え方）を進めようとする伊藤博文でも、元老と閣僚の会議には従わざるを得なかった（以上は御厨、二〇〇一、森松、二〇一三）。

桂は六月二四日に閣僚の辞表を奉呈し、伊藤に対して元老か立憲政友会（以下、単に政友会）総裁かの二者択一を暗に迫っている。七月、伊藤は枢密院議長に就任し、政友会総裁を西園寺公望《さいおんじきんもち》に譲った（横手、二〇〇五）。桂は伊藤を政治の第一線から退かせることで日露戦争への強力な体制づくりを進めたのである。また内政面でも、内閣の地租増徴案に伊藤が反対した際、閣議は伊藤の介入に否定的な態度をとっている（御厨、二〇〇一）。ただその一方で、陸軍中将の林彌三吉《はやしやさきち》は、桂が伊藤に向かって「日露戦争は何時始めませうか」と質問したという逸話を語っており、伊藤が開戦に関する主導権を完全に手放していない様子も垣間見られる。

先ほど多少ふれたが、桂内閣は対露方針を、元老との会議→閣議決定→元老への再諮問→御前会議決定→再度の閣議決定という経路で確定していった。韓国の全面支配や戦争も辞さないという方針は、御前会議に出席した元老と閣僚が中心となって決定したものである（雨宮、一九九七年）。鈴木砲兵中佐による著述（一九三一〈昭和六〉年）では、この六月二三日の御前会議について、ロシアによる満洲占領に対し日本の国権維持と東洋平和のために速やかにロシアと交渉を行い、両国が衝突する原因を一掃することを決定したと伝えている。

桂　太郎

一二月一六日に開催された政府と元老によ

る会議では、ロシアとの戦争は不可避という結論に至り、開戦決定の準備へと移っていった（山田、二〇〇九）。ただ、海軍の戦闘準備が完全でないため、外交交渉を継続させることになる。小村寿太郎《こむらじゅたろう》外相は栗野慎一郎《くりのしんいちろう》駐露公使に対して、文官・武官・重臣の意見が一致し、かつ外交と軍事の万全な調和を保つのが緊要であると伝えている。政戦両略の一致への強い思いが窺えよう。

以上からわかるように、開戦決意に向かう過程では、政府と統帥部の公式な協議はもたれていない。そもそも統帥部の関係者は御前会議に参加しておらず、大山参謀総長は元老という身分で参加していた（雨宮、一九九七）。政府は宣戦布告前に戦略優位の体制に入ることを嫌い、以後も戦略面への介入を続けていく（大江、一九九一）。

日露戦争の戦争指導体制

一九〇三（明治三六）年一二月二八日には、戦時大本営条例が改正された。日清戦争期は参謀総長が作戦計画を管轄しており、海軍側は不満を持ち続けていた。これまで、戦時における統帥の一元化をめぐって桂太郎陸相と山本権兵衛海相が対立してきたため、山県有朋・大山巌両元帥が戦時大本営条例の改正と軍事参議院（軍務の諮詢に答える機関）の設置を提案したのである。その結果、両統帥部長は大本営幕僚長として帷幄の機務（作戦用兵などの重要な任務）に共同奉仕し作戦を計画することや、軍の策応協同をはかることが規定された（防衛庁防衛研修所戦史部、一九七九）。

なお戦時大本営条例は、陸海相による閣議提案と閣議決定を経たうえで、改正の手続きがふまれている。寺内正毅《てらうちまさたけ》陸相から大山参謀総長へと通牒された内容からは、同条例が帷幄上奏勅令ではなく、輔弼責任にもとづく官制制定権に属する勅令であることが確認できる（大江、一九九一）。

日露戦争期の大本営の設置は、日清戦争期とおなじく、戦略優位の国家体制への移行を意味するものであった。また戦時大本営勤務令によると、参謀総長と海軍軍令部長には同じ職責が与えられており、陸海軍の協同が協調されている。陸相については、大本営会議に列し、参謀総長の作戦計画の奏上に陪席し、軍政の任務を遂行するとされ、海相もほぼ共通した権利を得た。政戦両略の調整を意識した措置といえよう（森松、二〇一三）。

一九〇四年二月四日の御前会議で、伊藤博文・山県・大山・松方正義・井上馨の五元老と桂首相ら一〇人が出席し、ロシアとの国交断絶と軍事行動の開始を決定した。日露戦争が始まると、その最高戦争指導は大本営御前会議で行われていく。大本営には構成員のほか、桂首相・小村寿太郎外相・伊藤博文枢密院議長・元老の山県らが列席し、作戦用兵の審議や戦争指導方針の決定に携わった。

ちなみに戦争後の話になるが、大本営陸軍副官が作成した「大本営会議ニ列席スル人名」（一九〇五年一〇月一九日）をみると、参謀本部側では「野戦衛生長官陸軍々医総監」や「運輸通信長官」などの肩書の者がみられる。議題に関連性の深い者が参加し、議論を支えていた様子が浮かびあがってくる。

日露戦争では、日清戦争期に設けられていた文官部は廃止されたものの、桂首相が現役陸軍大将という身分を利用し、寺内陸相の協力を背景に、統帥部の計画立案に介入した。陸海軍が作戦面で対立した際には、寺内自身も統帥部の矢面に立っている。また海軍は、山本海相が副総理格として統制を担い、海軍軍令部を服従させた。このように陸海相などが協力し、元老の支持も手伝って、統帥を制する政略主導の戦争指導体制が確立されたのである（大江、一九八五、一九九一、一九九六）。

意思決定の主導権をとったのは首相・外相・陸相・海相で構成されたインナーキャビネットであった。陸軍の決議は山県との内協議（事前の協議）を経て、首相・陸相・参謀総長・参謀次長からなる会議で決定され、そのなかで海軍・財務・外交などに関わるものは両者の内協議を経て大本営会議にあげられた（大江、一九八一・一〇）。戦略が政略に依存する戦争指導体制が桂らの思い描く理想形であり（雨宮、一九九七年）、日露戦争ではその体制が一貫して守られていく。

大本営分置案

政略優位の体制は満洲軍総司令部の設置にもあらわれている。

一九〇四（明治三七）年五月に第一軍が満洲に進撃し、第二軍が遼東半島に上陸を開始する。三月ごろから参謀本部内では、各軍を統一指揮するため、陸軍総督府を満洲に派遣すべきとの考えが浮上していた。三月一三日に児玉源太郎参謀次長は、①戦地と本国に大本営を分置したうえで、参謀本部の大部分を戦地に送る、②本国には山県有朋元帥を総長に、長岡外史《ながおかがいし》少将・大島健一少将のうち一人を次長に据える、といった構想を語っている。五月一三日には、大山巌参謀総長が陸軍総督府の設置案と、総督への指揮権委任を天皇に上奏している。陸軍総督府は、日清戦争時の征清大総督府と同種の機関であり、大規模な組織を想定したものであった（以上は田中、一九六八・一一、大江、一九九一、千葉、二〇一二、森松、二〇一三）。

それに対して山県は、権限を縮小した組織を大本営と野戦軍の間に配置する構想を思い描いていた。また陸軍省は、児玉の構想が戦略指導に傾斜しすぎていると反対している。寺内正毅陸相は大本営隷下の高等司令部を置けば足りると考え、山本権兵衛海相や桂太郎首相も支持した。桂は、参謀本部の案が政府による戦争指導を排除し、海軍との協同や山県・寺内らの発言権を否定するものと受け取ったのである（以上は大江、一九八一・一〇、千葉、二〇一二）。

これに児玉らが反対したが、最終的には桂と児玉の直接交渉に委ねられ、高等司令部としての満洲軍総司令部案で決着することになった。六月二〇日には満洲軍総司令部が設置され、大山が満洲軍総司令官・児玉が総参謀長に就任したうえで、外征していった。山県は参謀総長、長岡外史は参謀次長に就任している（以上は小林、二〇一三、森松、二〇一三）。

その後、旅順《りよじゆん》攻撃の作戦会議として開かれた大本営御前会議（桂首相・寺内陸相・山本海相・山県参謀総長・長岡参謀次長・伊東祐亨《いとうすけゆき》海軍軍令部長・伊集院《いじゆういん》五郎《ごろう》海軍軍令部次長が出席）で決定された作戦を、満洲軍総司令部に伝える方法をめぐって問題が発生している。満洲軍総司令部の設置過程では、旅順攻略軍の第三軍にまで満洲軍総司令部の指揮権が及ぶか否かを焦点とする対立が生じていた。ただ全体的には政略が有利な位置を築き、戦争指導は円滑に進んでいった（以上は田中、一九六八・一一、大江、一九八一・一〇、一九九一、小林、二〇一三）。

戦争終結にむけた外交指導でも、政府・元老・軍部は協調を保持した。最後の御前会議に統帥部長をくわえたほかは、すべて政府主導で講和を実現している（大江、一九九一、雨宮、一九九七年）。山県は「政戦両略概論」のなかで、奉天会戦《ほうてんかいせん》以後の作戦は外交と密接にかかわらせることや、ロシアに講和の意思がないことから長期戦になることを不可避とみて、外交による終戦を提起していた（田中、一九六八・一一、横手、二〇〇五）。児玉は上京して元老・政府・統帥部をまわったり、戦争継続力の限界から早期講和を政府に働きかけたりしていく。小村寿太郎外相がロシアに賠償金を要求する姿勢をみせた際には、否定的な態度を示した（戸部、一九九八）。講和交渉がこじれることを懸念したのだろう。

一九〇五年四月七日には、桂が大山を除く四人の元老と、寺内、山本、小村、曾禰荒助蔵相を首相官邸に呼び、外交主体の戦争終末指導に転じる案を検討した。その後も統帥部が関与することなく八日に閣議付議され、一〇日に奏上されている。一七日には桂・山本・寺内・小村で具体化し、一九日に元老をくわえて協議した後、閣議で講和条件を決定した。講和に至るまでの原案は、首相・陸相・海相・外相・蔵相が参加する事実上の戦争内閣（ウォーキャビネット）で作成された（大江、一九九一）。一貫した政治主導の講和であったことがわかる。

2　日露戦争後の政軍関係

内閣官制の改正と公式令

日清・日露戦争の戦争指導で首相は主導的な役割を果たしたが、首相の権限自体が制度的に強化されたわけではない。そこで伊藤博文は、内閣官制によって否定された大宰相主義を復活させようと考えた。詔書や勅書の形式、皇室令・法律・勅令の公布などを定めた公式令を制定して、軍部を抑えようともしている（小林、二〇一二）。その結果、一九〇七（明治四〇）年二月に内閣官制第四条が改正され、公式令と同時に公布・施行された。公式令の制定にともない、公文式は廃止されている。

これまで、軍の帷幄上奏によって天皇裁可を受けるまでは、公文式第三条にもとづき、軍部大臣のみの副署で問題はなかった。そこに国務事項が含まれる場合には内閣官制第四条が適用され、首相の副署が必要になるが、実質的に軍が主導権をにぎっていた。今回、公式令の制定と内閣官制第四条が改正されたのは、内閣の統一を保持するためであった（増田、一九九九、西川、二〇一八）。

以上の措置により、法律命令のすべてに首相の副署が必要となった。林彌三吉は後年、帷幄上奏をへた勅令を発布することができないと語っている。副署した者は法令の内容に責任を負うため、統帥権がかかわる法令には文官は責任を負えない。したがって、帷幄上奏で成立した法令が発布不可能になったというのである（小林、二〇二〇）。副署にとどまらず、首相には閣令制定権や、警視総監や地方長官などに対する指揮監督権も明文化された（滝井、二〇一〇）。

首相の権限拡張の動きに山県有朋は、軍機軍令に関する勅令への首相の副署に反対している。軍側は統帥権の独立に逆行すると反発し、寺内正毅陸相は公式令の内容を熟知しておらず憤慨した。ただ、斎藤実《さいとうまこと》海相が防備隊条例案（韓国の鎮海湾《ちんかいわん》と永興湾《えいこうわん》に平時防備隊を設置する制度）を奏上した際、伊藤は行政権に属するため勅令で発布すべきと反発し、公式令を無視して海相の副署のみで発布することは道理にかなっているとはいえないと天皇に訴えるという出来事も起こっている（滝井、二〇一〇）。

山県は対抗策に出た。一九〇七年九月二日、伊藤との会談で、統帥事項と行政事項の区別を明確にするため、軍令という形式を認めさせたのである。林彌三吉は、統帥面で天皇を輔翼する場合は軍部大臣として軍令に副署し、国務事項に対して輔弼するときは文官の国務大臣として勅令に副署するといったように明確に分けるべきと述べていた。国務事項と統帥事項を切り分けることで、天皇への補佐対象が混同しないようにとの意図であろう。一一日には帷幄上奏の慣行を追認した「軍令ニ関スル件」が裁可されている。軍令の制定は、将来、政党内閣が誕生した場合、政党人の首相が軍事規則に関与することへの嫌悪感をあらわすものでもあった（戸部、一九九八）。

官報に掲載された「軍令第一号」をみると、第一条では陸海軍の統帥に関して勅令を経た規程は軍令とするとあり、第二条では軍令で公布が必要なものは上諭（法律や勅令を公布する際、その最初に示される天皇の裁可をあらわす文言）をつけて親署の後、御璽《ぎょじ》を押して陸相・海相が年月日を入れ副署するとある。軍令に対する立法・行政の関与を排除することで、統帥大権の発動を明確にする意図が読み取れよう。

元老の態度は慎重で、西園寺公望首相も制定に同意していない。法制局も軍令の発布を拒否している。ただ、天皇直々の沙汰で発布されたということもあり、制定後、法制局は過去の勅令を調べ直し、軍令と勅令を分類していった。

以上にあげた公式令と軍令は、しばしば内閣と軍の対抗関係で説明される。ただ、軍令の制定の当事者である山県自身が〝軍令という便利な形式ができたからといって、濫用したら承知しない〟と注意をあたえているし（滝井、二〇一〇、森、二〇一〇）、軍政と軍令の両事項がまたがる混成事項のほとんどを陸軍省の管轄としている。公式令と軍令を、国務機関と統帥機関の権限争いの具ととるか否かで、解釈は分かれている。

行財政整理と軍拡

日清・日露戦争は、軍による軍備拡張への意識を強固なものにした。一方、軍拡は国家財政との兼ね合いが不可欠であり、内閣は行財政整理を行うなかで軍備の適正化に対応していく。軍に対する内閣の統制力が、行財政整理でも問われることになった。

西園寺公望

まず、後藤新平が第二次桂太郎内閣の逓相在任時に構想した内容を確認する。後藤は、過去の行政整理が一部の改廃や官僚の整理といった限定的なものであったため、一八九一（明治二四）から一九一一年にかけての国債費・陸海軍省費・一般行政費が増加傾向になっていることを指摘する。また、類似する機関が乱立し、業務が重複していることも問題視した。膨大な政務が国債費と陸海軍省費の急速な増加理由とし、政務を整理する必要性を指摘している。

このように後藤は、政府内の無駄づかいの点検が行政運営にとって重要であるとし、行政事務の簡素化に重きを置いていた。一大臣でありながら行政全体をみすえる大局的な視点が、のちに彼が構想する「大調査機関」の基盤となっていくのだろう。

実際には、第二次西園寺公望内閣期の一九一一年一二月九日に、内閣の諮詢《しじゅん》（地位が下のものに参考意見を問うこと）機関として、臨時制度整理局が設置されている。同局の目的は、日露戦争後の経営を立て直すため諸般の制度や財政の整理に関する事項の調査にあった。西園寺が総裁を、原敬《はらたかし》内相が会長をつとめ、各省次官を中心とする委員から選ばれた行政部・陸軍部・海軍部・財政部税制特別調査委員が実務にあたることとされた。行政部は内閣書記官長・法制局長官・法制局参事官・大蔵省主計局長で構成され、そのほかは陸海軍省や大蔵省の関係者がおのおの出席した。加えて、陸海軍省と外地官庁を含む各官庁には事務整理委員会も設置された。次官以下の省内幹部で構成され、行政部特別調査委員の指導を受けながら、官僚主導による制度の整理が進められていく（下重、二〇〇六・九）。

政友会総裁でもある西園寺は原と松田正久《まつだまさひさ》に対して、一九一二年度に大改革を断行し、財政上の欠陥を補填すると表明している。他方で、軍拡計画は予定通り実施するとの方針も示した（纐纈、二〇〇五）。以前から、たとえば財部彪《たからべたけし》海軍次官が田健治郎《でんけんじろう》に対して海軍補充計画の説明を行うなど、軍拡の準備は進められており、その流れに沿った方針である。ところが、西園寺が臨時制度整理局の特別調査委員に内示した整理方針では陸軍の軍拡が否定されていたため、上原勇作《うえはらゆうさく》陸相が軍部大臣現役武官制（陸海相を現役の大将および中将から選定する制度。第二次山県有朋内閣下の一九〇〇年五月に成立）を盾に辞任をほのめかす可能性も出てきた（千葉、二〇一二）。

臨時制度整理局の果たした役割については、第三次桂太郎内閣で農商務相をつとめた仲小路廉《なかしょうじれん》が苦言を呈し、機関の縮小による政費の節約を提言している。さらに、西園寺内閣は行財政整理の調査を行いつつあるが、行政整理は経費の節約や財源の搾り出しだけを目的とすべきではないとも主張した。田も桂太郎に対して、現内閣には財政の経綸がないことへの持論を語っており、行政整理の成否が内閣の失政をとがめる材料になっていたことが窺われる。

帝国国防方針の成立と軍拡

陸海軍による軍拡要求は、陸軍が師団（独立した戦闘行為が可能なように整備された軍隊の編制単位）の増設、海軍が八八艦隊（建造後八年未満の戦艦八隻、巡洋戦艦八隻を主力とする艦隊）の創設である。こうした要求は内閣との対立を呼び込み、内閣の瓦解を招くまでになる。

日清戦争後、参謀本部の宇都宮太郎《うつのみやたろう》はロシアに対抗するため平時一四師団案を提起し、最終的に一三個師団案が成立している。ただ児玉源太郎陸軍次官や寺内正毅第一局長は反対し、参謀本部の東条《とうじょう》英教《ひでのり》も一師団の増加でよいとしていた。

一九〇六（明治三九）年一〇月に山県有朋が天皇に提出した「帝国国防方針案」は、日英同盟を契機として、兵備拡張を計画するための陸海軍の協同作戦計画を策定し、分担任務を定める必要性にもとづくものである。この案に対しては一二月二〇日に参謀総長と海軍軍令部長が商議（相談）を始めた。国防方針は政策への影響が大きいゆえ、天皇は首相にも下問した。

その結果、帝国国防方針案は一九〇七年四月に国防方針として確定し、兵力量については陸軍が平時二五個師団（戦時はさらに二五個師団を加え五〇個師団）、海軍が八八艦隊とされ、陸軍のみ財政的な制約が設けられた（多胡、一九七六・三、飯塚、二〇一六）。現在の平時一七個師団から二五個師団への増加は、一期と二期に分けられ、一期のなかで四個師団を増設することから始まった。最初の二個師団増設は実現したが、残りの二個師団増設は緊縮財政を理由に見送られている（舩木、一九九三）。

第二次西園寺公望内閣で進められた行財政整理は思うような成果を出せず、田健治郎らは政府に、海軍充実の財源確保にあたって政費節減や増税などで成果をあげるべきと迫った。西園寺は海軍の拡張には理解を示している。他方、上原勇作陸相は一九一二年七月ごろ、二個師団増設案を閣議に提出した。ロシアの軍事施設が充実し、かつ朝鮮守備部隊の交代派遣制が有事の際の動員を遅らせているというのが理由であった（防衛庁防衛研修所戦史部、一九七九）。彼は内閣が掲げる政費と軍事費の節減に同意しつつ、節減分での増設を考慮していた。

西園寺は山県から譲歩を引き出したが、山県は、陸軍側が費用を捻出した場合は容認すべきとも主張している。また、山県や桂が政府と陸軍の調停に乗り出したものの、陸軍省軍務局長の田中義一は応じなかった（戸部、一九九八、纐纈、二〇〇五）。建艦費の連年支出が容認されている海軍との調整も困難であった（防衛庁防衛研修所戦史部、一九七九、舩木、一九九三）。

宇都宮は一一月一日、蔵相秘書官の安倍午生《あべごせい》と二個師団増設について話しあった際、少額でも今度の予算に継続年度割りの最初の部分だけは出すべきと要求している。ただ一一日の臨時閣議ではあまり進展がみられない。二六日、宇都宮が床次竹二郎《とこなみたけじろう》内務次官らと話し合い、今年は延期することを確認しあうなか、二九日の閣議では西園寺・上原ともに譲らなかった。

結局、三〇日の臨時閣議は増師案を否決した。他方で海軍拡張計画は実施の意思が示されていく。上原は一二月二日に単独参内し辞表を提出する。陸軍から後任陸相を得られなかった西園寺内閣は、五日に辞表を捧呈した。内閣の瓦解は首相の各省大臣への統制力の欠如を問題化させ、軍部大臣現役武官制に再考をうながすきっかけとなった（防衛庁防衛研修所戦史部、一九七九、門松、二〇一〇）。

増師問題が政治闘争としての側面をもつことは、「寺内内閣実現計画」の「二個師団増設問題覚書」（一九一二年ごろ作成）から窺える（纐纈、二〇〇五）。

このなかで陸軍は、西園寺内閣の計略を予想している。それは、①海軍を利用して陸軍の要求を拒否する、②陸軍の主張が強固な場合は天皇の「聖断」を仰ぐ。それでも難しいときは内閣総辞職を奏請し、行政整理・海軍拡張・減税などが実行不可能である罪を陸軍にかぶせる、というものであった。

また、西園寺のとる行動として、㋐陸軍以外の各省とおおよその合意をとりつけたうえで、陸軍省などを最後の交渉先として残す、㋑首相から陸相へ形式的に交渉を打診する。撤回や延期が見込めない場合は閣議で陸相を圧迫する。やむを得ないときには陸相に辞職を勧告する、という手順まで想定している。

対して陸軍側は、①首相との交渉で要求の貫徹を主張し、国防の欠陥は国家の存立を危なくすることを論じる、②閣議で大臣から批判された場合には、海軍を拡張し陸軍の経費削減で兵力を縮小することが国防の方針に適合するのかを問いただす、③陸相だけで困難な場合は参謀総長が帯同し、首相の主張に不同意であることを奏上する、などと内閣への攻撃手段をあげた。

この史料では、寺内正毅内閣を成立させたのちに、自身の要求を貫徹させる方法も検討されている。師団増設問題が政界における権力闘争の性格が強いものであったことが窺えよう。

軍部大臣現役武官制の改正

第二次西園寺公望内閣の瓦解を受け、第一次山本権兵衛内閣は軍部大臣現役武官制の改正に着手した。第二次山県有朋内閣が一九〇〇（明治三三）年に成立させた軍部大臣現役武官制は、現役の大将や中将を軍が推薦しなければ軍部大臣が得られず、内閣が不成立となるものであった（防衛庁防衛研修所戦史部、一九七九）。

山本首相は一九一三（大正二）年二月二七日の第三〇回帝国議会衆議院本会議で立憲国民党の犬養毅から改正の必要性を問われ、三月一一日の本会議でも改正への意欲を述べている（多胡、一九七六・三）。大臣の任用資格を予備役・後備役（それぞれ現役・予備役を終えた者が服する兵役）にまで拡大することで、軍による内閣への牽制を軽減するのが目的であった。現役の縛りがなくなれば、政党員から取ることも可能になる。立憲同志会（桂太郎を党首として一九一三年一二月に結成）は文官制を主とする官制改革を目標としており、世論にも文官制の要求がみられた（奈良岡、二〇〇六、森、二〇〇八）。

軍部大臣現役武官制の改正は統帥権の独立に対する大改革であり、内閣の閣僚を政党員でそろえる政党内閣の道を開くものであった（増田、一九九九）。したがって内相の原敬も同調し（防衛庁防衛研修所戦史部、一九七九）、前述したように第三〇回帝国議会では犬養毅や元政友会の林《はやし》毅陸《きろく》らが政府を追及したのである（『大毎』一九三六〈昭和一一〉年一〇月一六日付二面）。もし改正できない場合、世論が山本内閣のみならず政友会にも批判をくわえることが予想された。

一方、軍側は、天皇の意思に任せるという条件つきで、長谷《はせ》川《がわ》好道《よしみち》参謀総長が反対の姿勢をみせている。すると、山本の説得に屈して改正を承認していた木《き》越《ごし》安綱《やすつな》陸相が、不同意へ転じた（多胡、一九七六・二）。軍部大臣現役武官制の改正は、陸軍省官制の職員表と海軍省官制の定員表にある大臣の規定から、「現役将官」のうちの「現役」を削除する改正である。陸軍は、「現役」だけでなく「将官」まで削られ、文官制に向かうという懸念を抱いていた。また、予備役や後備役の軍人が政党員になり、陸海相に就任した際の、軍の秘密漏洩も警戒された。問題は、木越が山本の指導力に耐えられるかであった。

山本権兵衛

陸軍では、さきに陸軍省軍務局長をつとめた田中義一や宇《う》垣《がき》一成《かずしげ》陸軍省軍事課長も反対を唱え、参謀本部もほとんどが反対している。改正は、彼らの政治的な行動を保障する法的根拠を喪失させるものであった（多胡、一九七六・三）。

以後も長谷川参謀総長と大島健一参謀次長は反対を貫いていく。長谷川は辞職まで表明し、一九一三年四月二四日に大正天皇へ不同意を奏上したが、受け入れられなかった。天皇の許諾がある以上、陸軍も改正を認めざるを得ず、状況は政府側に有利であった。

山県も不満を表明しているが、是が非でも阻止しようとはせず、陸軍には〝文官大臣が出るのを阻止する〟、政党人には〝文官大臣を実現させる前に予備役・後備役で様子をみる〟と説得を試みている（雨宮、一九九七）。木越はこの問題で一九一三年六月に陸相を引責辞任した。

こうした経緯をたどり、軍部大臣現役武官制の改正は一九一三年五月二日の閣議決定され、六月一三日に公布された。山本首相の指導力が軍に勝った結果といえる。再び現役武官制が復活するのは、広田弘毅《ひろたこうき》内閣下の一九三六年五月である。

改正後、陸軍は、予備役で政党員の陸相の出現、また将来の文官大臣の出現に備えて、参謀本部の制度的な権限強化に乗り出していく。田中は陸軍省から参謀本部に編制・動員関係の権利を移すことで政党の介入をさけようと考えた（纐纈、二〇〇五）。この措置により陸相が主管する多くの業務が参謀総長へと移管され、すべての業務の実施は陸相と参謀総長の協議によることとなった（戸部、一九九八）。大本営が設置されていない時点の海外派兵についても、参謀総長による命令の執行が規定された（小林、二〇二〇）。

参政官と副参政官の設置

山本権兵衛首相は軍部大臣現役武官制の改正で手腕をふるったが、閣内の統合力強化という点では、おなじ一九一〇年代に各内閣は官僚政治の是正に精力的に取り組んだ。

第一次山本内閣は文官任用令の改正を行い、陸海軍を除く各省次官や法制局長官などを、法的な資格を伴わない自由任用とした。枢密院では総務次官の設置なら認めるとの譲歩策を示したものの、内閣が拒否し、改正案が実現したのである（増田、一九九九）。ところが、一九一四（大正三）年四月に発足した第二次大隈重信内閣は再び資格任用に戻し、参政官と副参政官を新設している。これは、政務と事務の分離を目指す立憲同志会の方針であった（若月、二〇一四）。

政務と事務の分離は、一八八一年時点で大隈自身が構想していた。彼は、政党員と官僚が進退を共にすることは不利益が大きいとし、イギリスを例に二つに分類している。一つは命令にしたがって細かい業務を行わない「政党官」で、政党とともに進退を決する。もう一つは細かい業務を行う「永久官（非政党官）」で、終身勤続する（清水、二〇〇七）。参政官の設置は、大隈のこの考え方と、官僚への信頼度が高い立憲同志会との産物といえよう。

また大隈は、第二次山県内閣による文官分限令の制定に対して、すべての行政官吏の身分を保証することで政変の影響を受けないようにした点を評価しつつも、全面的には賛成していない。政務と事務の切り分けをいかにすれば円滑な政策実行が可能になるのか、首相に就任するまで模索し続けていたと考えられる。

『九州日日新聞』（一九一四年七月四日付）は、政変の影響を受けず、粛々と事務処理ができる「職守者」が必要と述べ、その趣旨に沿ったかたちが政務官（参政官と副参政官）制であるとする。さらに、山本内閣による文官任用令の改正によって、行政事務の経験がない政党員を官職に据える猟官運動が発生したことを問題視し、今回の政務官制に期待を寄せた。政務官制が大隈内閣の政権基盤を強化する政策として、好意的に受け止められていることがわかる。

一九一四年一〇月、大隈内閣は各省官制通則を改正し、その結果、陸海軍省を含む各省は「次官　参政官　副参政官　局長　参事官　秘書官　書記官　属」という職員の構成になった（『東朝』一九一四年一〇月七日付三面）。参政官は政治任用の政務担当職とされ、次官などは自由任用を廃止して資格任用に戻された。

陸海軍省にも設置したのは、反陸軍の姿勢をとる加藤高明《かとうたかあき》外相の意向と考えられる。ただ『東京朝日新聞』（一九一四年一〇月七日付三面）は、〝陸海軍省の参政官は軍機軍令に関係しないものに限る〟という規定に注意を向けている。参政官の政治活動も禁止された。これらは、陸海軍の政務次官の力が大きいイギリスとは対照的である（奈良岡、二〇〇六）。

実際に参政官と副参政官が任命されたのは一九一五年七月であり、『東京朝日新聞』（一九一五年七月三日付三面）は江木《えぎ》翼《たすく》内閣書記官長による設置理由を掲載している。彼は、国政運営の効果を発揮するには政務官の地位を保証する必要があることや、国務大臣だけでは不足なのでイギリスで実績のある制度を導入したと説明した。

第一次参政官人事が七月二日に決定されたなかでは、特に、浜口雄幸《はまぐちおさち》大蔵次官と下岡忠治《しもおかちゅうじ》内務次官が参政官へ転任した意味が大きい。「官」への統制を実のあるものにする狙いがあった（奈良岡、二〇〇六）。ただ新聞が、就任できない者の不満もあり、中正会の菊池武徳《きくちたけのり》や森田小六郎《もりたころくろう》などが不満をもつ可能性をもっていたと報じるように、議員のなかには人事に不満をもつものもいた（『東朝』一九一五年七月三日付三面）。結局、加藤外相と大浦兼武《おおうらかねたけ》内相の辞任により、彼らの側近であった参政官の多くが辞任する。その後、加藤は政務官制の強化に関心を示さなくなった（奈良岡、二〇〇六）。人事の混乱は内閣の弱体化と隣りあわせであった。

参政官の仕事ぶりが、設置当初の期待に応えるものであったかも疑問である。尾崎行雄法相は参政官を政策決定に参画させようと考えたが、実現しなかった。立憲同志会の幹部は、当初から参政官に統合強化の役割までは期待していない。逓信・内務両省の参政官を歴任した藤沢幾之輔《ふじさわいくのすけ》によると、ほかの省の参政官も含めて仕事はほとんどなかったという（以上は同前、若月、二〇一四）。つぎの寺内正毅内閣では「参政官を置かぬだらう」との観測まで起った。政務官制は、政党とのつながりを密にすることで政権基盤を強化する利点があったが、統帥事項への関与が除外されたことや、人事・運用両面の問題を考えると、理念との差が大きかったといえよう。

三　総力戦体制期の内閣

1　第一次世界大戦への参加

外交の挙国一致を目指す動き

行財政整理と軍拡の問題に話を戻す。第一次山本権兵衛内閣が行財政整理を重要課題に据える一方で、第三〇回帝国議会の衆議院本会議では政府に対し増師の諾否が問われている。貴族院の幸《さいわい》倶楽《くら》部《ぶ》幹部会では目賀田《めかた》種太郎《たねたろう》らが増師の既定計画を実行する必要性を述べた。行財政整理と軍拡の両立は困難な問題であった。

前陸軍省軍務局長の田中義一は行財政整理の狙いが陸軍の増師拒否にあると判断し、桂新党（立憲同志会）への協力を決意している。彼は木越安綱陸相が増師を強く主張しないことと、山県有朋が現状打破の姿勢をとらないことに不満をつのらせていた（纐纈、二〇〇五）。

二個師団案を排斥する山本首相に対して、一九一四（大正三）年二月一八日の貴族院予算委員会で、貴族院議員の田健治郎が理由を追及している。三月一五日、山本は一九一四年予算で増師計画が提出できない理由と海軍拡張の必要性を説明し、予算が不成立にならないよう理解も求めた。なおこの時期、政友会の最高幹部は、増師問題の解決や海軍充実を次期内閣で課題にすべきと考えている。

第二次大隈重信内閣では、成立から数ヵ月後にオーストリア＝ハンガリー帝国でサライェヴォ事件（オーストリアの皇位継承者の暗殺事件）が起り、欧州全体を巻き込む戦争に拡大していく。日本はイギリスから、日英同盟を理由に、アジアにおけるドイツの拠点の攻撃を打診された。

国内では積極参戦論がもちあがり、一九一四年八月七日開始の閣議でイギリスへの出兵援助を決議している。翌朝、加藤高明外相は天皇に上奏し、夜には閣僚元老連合会議を開いて対独宣戦の方針を説明した（豊田、一九八四）。もともと海軍では八八艦隊の整備が急務という慎重論があり、八代六郎《やしろろくろう》海相はドイツ軍の動向を見極めるために延期を提案している。山県は日中関係の改善を急ぐべきとの慎重論を唱え（平間、一九八六・六）、井上馨とともにロシアとの同盟関係の構築も検討している（渡邉、二〇一二）。

山県・井上・松方正義・大山巌らの元老は加藤から事前にほとんど相談を受けておらず、外交書類も内示されなくなっていた。彼らは独断専行で宣戦布告の手順を進める加藤を批判し（豊田、一九八四、清水、二〇一八）、外交書類が内示されない場合、内閣と絶縁すべきとまで述べている。

開戦後の一二月には、山県らが内閣の外交政策に絶望し、野党も外交不振の責任を問う構えをみせた。加藤の強権的な行動が元老との軋轢《あつれき》を生んでいる様子がわかる。加えて、一九一五年一月に中国の袁世凱《えんせいがい》政府へ行った二一ヵ条の要求（満蒙の権益確保などが目的）の交渉以降、元老は外交交渉の過程にかかわれなくなった（伊藤、二〇一六）。

こうした状況から、貴族院議員や枢密顧問官をつとめた三浦梧楼《みうらごろう》は、一九一五年、元老が総出で軍備・外交・財政に対する一定の国策を樹立し、誰が政局を担っても万全にすべきであると元老を説得していく。彼は外務、陸軍、海軍、政治家がおのおのの持論に固執しない、国益優先の体制づくりを構想していた。ただ、松方は財政面を引き受けると約束したものの、井上馨は断り、山県も態度を明示しなかった。

一一月一〇日ごろには三浦と加藤高明の会談が行われ、三浦は、対中交渉を誤らないため、軍備・外交・財政につき一定の国策を樹立することが大事と述べている（小林、一九六五）。以後、三浦は、挙国一致で大戦後の方針を立てるべきとの考えを強め、三党首（政友会の原敬、立憲同志会の加藤高明、立憲国民党の犬養毅）の結集を求めていった。

一九一六年五月二四日と三〇日には三浦と原・加藤・犬養の会談が実現し、覚書の作成の合意にこぎつけている。六月六日作成の覚書には、①外交と国防方針を極力一致させ、外野の介入を許さない、②対中方針では相互利益の増進をはかる、③国防費は予め設定した限度内でやりくりする、という内容が盛り込まれた。政党党首を内閣の政策審議に協力させ、国の統一方針を得るという手法は、のちに臨時外交調査委員会の設置によって実現する。

防務会議の設置へ

閣内の意見一致をはかるという点では、第二次大隈重信内閣が設置した防務会議も重要である。先にも述べたように、日露戦争後には、陸軍が平時二五個師団計画、海軍が八八艦隊整備計画を樹立していた（『大毎』一九三七〈昭和一二〉年五月三一日付二面）。この実行に対し、大隈内閣は一九一四年六月二三日に防務会議という特種機関を設けた。会議の狙いは陸海軍への統制強化にあった（奈良岡、二〇〇六）。

国防会議案は西園寺公望内閣期や桂太郎内閣期にも存在し、特に桂は設置を強く要求していた（纐纈、二〇〇五）。一九一二（明治四五）年一一月ごろに桂と山県有朋の間で、国防会議で国防の調査結果が出るまでは増師計画は実行しないことを合意している（千葉、二〇一二）。

大隈重信

第二次西園寺内閣末期の井上馨の提案にも国防会議案がみられ、防務会議がその具現化であることは、大隈との会談で確認されている（斎藤、一九八六・六）。井上は、欧米列強の中国進出に伴う利権拡大とロシアの極東進出を、日本の権益への脅威とみなしていた（纐纈、二〇〇五）。そこで陸海軍を統一した国防会議を開催し、整理済みの財政の範囲内で国防問題を議論しようと考えたのである。大隈内閣の発足後、間もなく軍を抑制し、外務・大蔵両省と協調しつつ国策を推進する井上の構想に、大隈は賛同している。元老主導で国策方針を決定し、その決定にもとづき大隈が外務・大蔵・陸海各相などを通して政治機構を統轄するという意思決定手順まで想定された（季武、一九九八）。

第三次桂太郎内閣は組閣段階の政綱要領のなかで、陸軍増師と海軍充実は後年に譲り、国防会議で決定する方針を掲げている。元老たちも軍拡の延期と、国防会議のような枠組みでの軍備問題の検討を要求した。

第一次山本権兵衛内閣期になると、第三一回帝国議会衆議院本会議（一九一四年一月三一日）で、立憲国民党が臨時国防会議の開設の建議案を提出している。国防方針を確立するために、国務大臣、軍務当局者、特に命じられた者を議員として専門会議を設置するという内容であり、政戦両略の一致をはかることなどを党首の犬養毅は説明した。彼の狙いは軍拡の指導権を軍から切り離す点にあったが、軍側は国防が国務事項の範囲外であると反発した（纐纈、二〇〇五）。そのほかにも、立憲同志会が国防会議の設置を提唱したり、陸軍の軍拡が増税の原因になっていると考えた東京商業会議所会頭の中野武営《なかのぶえい》が、国防会議を要求したりしている（同前、奈良岡、二〇〇六）。防務会議の設置につながる構想は、各内閣でほぼ途切れなく出現していた。

つぎに、防務会議の組織構成と役割を確認したい。

「防務会議規則」の第一条からは、会議が首相の監督に属し、陸海軍備の施設に関する重要事項を審議する機関であることがわかる。第二条には、この重要事項を主務大臣が首相に具申し、首相が会議に付すという進め方が示された。第三条からは、参加者が首相・外相・陸相・海相・蔵相・参謀総長・海軍軍令部長であることが確認できる。首相は必要がある場合に陸海軍の将官を出席させられること（第四条）や、首相が議長を担うこと（第五条）も明記された。議長が議事を準備し会議を開閉し、議事を整理することや、幹事長は内閣書記官長が担い、幹事（本職がある陸海軍将官一人）を設けることも定められている（防衛庁防衛研修所戦史部、一九七九）。

防務会議は本来、重要な国防と外交・財政の調和を保持し、増師と海軍拡張問題の決着をはかる機関であった。財政逼迫を理由に、両軍の予算配分を調整する目的で設置されたのである。ただ実際は、審議対象が国防の根本方針から軍備施設へと限定された。陸軍が会議を軍備予算問題の討議の場と理解したことで、設置に至ったのである（斎藤、一九八六・六）。それでも首相の監督下に陸海軍の統帥部長を入れ、軍備の基本問題を扱うのは画期的なことであった（森松、二〇一三）。

陸海軍の妥協

防務会議は検討対象が軍備に限定されたため、軍を統制するという会議の目的が矮小化されてしまった（奈良岡、二〇〇六）。若槻礼次郎《わかつきれいじろう》蔵相が国防費の調査を行おうとすると、岡市之助《おかいちのすけ》陸相が止めるという対立も発生している（纐纈、二〇〇五）。

政府は防務会議の審議事項に国防まで含まれると主張したが、統帥権の範囲内というのが岡の姿勢であり、外交・財政・軍事の調整は不可能な状態となった（同前）。海軍・外務・大蔵側の委員に陸軍側の委員が圧迫されたときには辞職を覚悟し、政変までにおわせる場面もあったという（『読売』一九二〇年一月五日付三面）。立憲国民党の犬養毅党首が政党員も含めた国防方針の決定を構想したり、田中義一が参謀本部と海軍軍令部による国防方針の策定を考慮したりするなど、防務会議以外の案が出る有様であった（小林、一九九二、季武、一九九八）。

ここからは、一九一四（大正三）年七月二日に開催された第一回防務会議後の経過を追っていきたい。海軍は七月一〇日、陸軍は一八日に軍拡案を提出した。陸軍では一三日、岡陸相から長谷川好道参謀総長に対して、増師案に異存がないなら天皇に上奏し、会議へ提出したいと照会している。「防務会議提出案」は、六個師団の増加のうち、二個師団を一九一五年度から四年間で増設し、残りは財政の情況をみて行おうとするものであった。続けてその理由が、①平時二五個師団の整備は帝国国防方針にもとづいて定められているが、財政状況が厳しく一九個師団にとどまった。残す六個師団のうち二個師団の増設が残されている、②東洋の平和を保障するには六個師団の増設が急務である。しかし財政的な問題からまず二個師団を増設し、財政をみつつ帝国国防方針が規定する兵力を保有したい、と具体的に示されている。

一九一四年七月二七日には第二回防務会議が開催され、三一日に第三回、八月六日に第四回と回を重ねていく。この間、陸軍は三年計画の二個師団増設、海軍は八八艦隊計画を目標とする八四艦隊の完成を要求した。外務と財政の担当者は一個師団の増加を求めたが、陸軍当局者は二個師団を堅持した（『時事新報』一九一四年七月二七日付三面、『大朝』一〇月一五日付）。

一〇月三日、貴族院議員の田健治郎が岡陸相と増師問題を話しあった際、岡は若槻礼次郎蔵相から、財政事情を理由に陸軍案の可否は決定できないといわれたことを伝えている。五日の第五回防務会議で加藤高明外相と若槻が延期論を唱えたときには、陸軍が断行論、海軍が延期論に賛成している（『大朝』一九一四年一〇月一五日付）。大隈は徐々に陸軍を尊重するようになり、七日の第六回会議で二個師団の増設を認めた。一方の海軍は、八日に田と会談した八代六郎海相が、大戦の結果をみすえて計画を延期すると語っている。そのかわり一九一五年度は、工事中の戦艦の完成と、駆逐艦《くちくかん》の残りを建造する計画をふまえた予算編成でいく意思も示した。これらは防務会議の内決を得たとしている。

田は同日、若槻とも会談した。若槻は二個師団の増設と海軍補充計画を先送りするのは国家の利益にならないと考えるようになっており、財政と折り合いをつければ閣議の同意は得られると語った。長谷川参謀総長は一〇月九日、岡陸相に対し、先に岡から照会を受けていた増師改正案の防務会議への提出は問題ないと伝えている。その一方で、大戦中であることから、増設問題を防務会議の席上にとどめるのもよしと主張する新聞の社説もあった（『大朝』一九一四年一〇月一五日付）。

結果的に防務会議は、陸軍の二個師団増設と海軍の八四艦隊の整備を是認した（『読売』一九二〇年一月五日付三面）。後者は、国家財政の問題から八八艦隊ではなく、まずは八四艦隊の完成を目指し、防務会議の議決を得たのである。

防務会議の運営と賛否両論

以上のように陸海軍の軍備は防務会議で議論されたが、会議の役割や機能はどのように評価されていたのだろうか。新聞紙上の反応を確認したい。

『時事新報』（一九一四〈大正三〉年七月二四日付四面）は、防務会議が増師と海軍充実の両方を議決するとした場合、内閣はそれを実施する覚悟があるのか迫っている。『大阪朝日新聞』の社説（一九一四年七月二〇日付）も、増師と財政の調和は必ず閣議で行われるため、防務会議の決定を待つ必要があるのか疑問視している。

『大阪毎日新聞』（一九一四年一〇月一二日付）も、大隈重信内閣が防務会議の決議をそのまま採用すべきか問いかけている。結論として、防務会議は内閣に対し命令的な位置に立つ機関でなく、会議で蔵相の要求が通らないこともあれば、首相が陸海軍の要求に同意することもあるとした。

前掲の『時事新報』は、防務会議が既定の計画に沿って議決するだけの機関なら、閣議の外に「予備閣議」を設けるようなものであると批判的な見解を示す。内閣が帝国議会に予算をあげるからには、一種の諮詢機関である防務会議ではなく、内閣が責任をとるのはもちろんであるとも指摘した。天皇への輔弼責任と関連づけることで、会議の機能や政府内での位置づけに再考を促す姿勢といえよう。

このように、防務会議を内閣の輔弼責任を脅かす存在とみる見解が複数あった。会議の設置を、内閣が主導して軍拡の方向性を決定する内閣機能強化策と位置づけるなら、新聞の評価はそれと逆行する。

各新聞は、帝国議会が増師案を承認するかは不透明とみており、野党政友会の態度に注目した。ただ、原敬政友会総裁の態度は明確でなく、有力者のなかには一年延期論を掲げ、内閣を支える国民党の出方を窺う動きもあった。一方、国民党には増師が急務でないと考える勢力が多くおり、立憲同志会の加藤高明総裁や若槻礼次郎蔵相も同じ考えをもっていたとされる（『東日』一九一四年一〇月一〇日付三面、『大毎』二六日付、『神戸又新日報』一一月一六日付）。『中外商業新報』（一九一四年一〇月一八日付）は、無意味な軍拡が防務会議で決定され、閣議まで通過してしまえば、来年度予算に計上されるのは必至となるため、帝国議会の慎重な審議を求めている。

一九一四年一二月八日、第三五回帝国議会衆議院本会議の演説で大隈は、欧州大戦への参戦経緯とともに、防務会議での国防充実の検討や軍事予算案について説明した（豊田、一九八四）。若槻は防務会議で定められた陸海軍費にふれ、駆逐艦八隻と潜水艦二隻の建造費を計上してきたこと、また朝鮮への二個師団増設計画を本年度から実行することとして、国防の充実をはかってきたことを訴えた（『大朝』一九一四年一二月九日付五面）。それに対して原は増師を一年間延長する旨、山県や自党の党員に働きかけていった。

結果的に一九一四年一二月二五日の本会議で海軍建艦費は可決されたが、増師については政友会と国民党が連携し否決した。すると大隈内閣は、解散総選挙に打って出る。総選挙では与党の立憲同志会などが衆議院の過半数を制し、一九一五年六月一日の第三六回帝国議会本会議で二個師団増設を含む追加予算が決定され、実施へと向かっていった（森松、二〇一三）。海軍費は、戦艦三隻の継続費と、駆逐艦八隻・潜水艦二隻の新建造費として、一九一五年度から一九一八年までの継続費が議会の協賛（天皇の有する法律や予算制定の大権の補佐）を得た。

防務会議の限界

海軍費については海軍が一九一五（大正四）年九月一〇日、新規建造計画を提出している。大隈重信首相は、海軍補充費以外の予算編成は前年度に準じることと、海軍補充費については八四艦隊案を防務会議で決定したものの、財政との調和をはかるため、一九一六年度でその一部を要求するとした。第三七回帝国議会の協賛を得た海軍予算は、一九一六年二月に天皇裁可へと至った。

もともと海軍は八八艦隊案を掲げていたが、一年延期となっていた(『大朝』一九一五年九月二五日付)。ただ、欧州大戦の拡大を背景として、内閣は海軍の増強を考慮していく(清水、二〇一〇)。大隈は、日独の開戦などにより八四艦隊の中心である新戦艦の建造に着手できなかったため、一九一六年度の予算編成で着手する必要があると語っている(『時事新報』一九一五年一〇月一二日付三面)。

これまでの議論からうかがえるように、防務会議は当初、最高国防会議とみなされたものの、実際は既定計画の実行方法を査定する機関にとどまった。防務会議が統帥事項に関与することは不可能と指摘する記事もある(『東朝』一九一五年八月二一日付四面)。陸海軍の国防方針に関する所信を統一させ、両統帥部の施策を調整する権威も欠如していた(森松、二〇一三)。

『大阪朝日新聞』(一九一七年一一月二二日付)では、陸軍の最高幹部が防務会議を無視し、五〇個師団の拡張を企画していると批判している。防務会議の設置に際して憲法や内閣官制を改正しなかったため(防衛庁防衛研修所戦史部、一九七九)、統帥事項まで含んだ調整を進めるのは困難であった。防務会議参加者に世界を達観する能力がなく、決議はいつも官僚的との評価もみられる(『中外商業新報』一九一五年九月二七日付)。大隈首相は、軍の意向に寄り添った対応に終始した。それでも江木翼が国防会議を構想したり、貴族院で政治・軍事の統一を国防会議で行うべきとの主張があらわれたりするなど(雨宮、一九九七、奈良岡、二〇〇六)、政戦両略の一致を主導する組織の追及は今後も模索されていく。

一方で、閣内統合の方策もいくつか検討されていた。加藤高明・原・犬養毅の三党首による政治参画に三浦梧楼が積極的であったことはすでに述べた通りである。その三浦は、外交・軍事・財政を党の政争とは離すという、のちの臨時外交調査委員会につながる構想を抱いており（荒邦、二〇一二）、三党首と幾度か会い、外交と軍事の問題について意見の一致を探ろうとしている。しかし加藤は、与党に属するためか、明確な方針を打ち出すことに躊躇した。その後も、対外政策の国論統一や民党の協力による官僚打破が模索されていく。

寺内正毅内閣にかわる直前の一九一六年一〇月五日、貴族院議員の平田東助が寺内から入閣を要請された際には、原、加藤、犬養などを無任所相として入閣させ、不偏不党の見地に立つべきと提案している。

副島義一も、政党の領袖などを〝無任の大臣〟（無任所相）として入閣させることで国務大臣を増やす方法があり、官制に抵触しないとの見解を示している。それが困難なら「国務会議」を設置し、政党の領袖の決定事項を国務大臣が執行する構想を立てている（荒邦、二〇一二）。伊東巳代治《いとうみよじ》（閣僚や枢密顧問官を歴任。この時期は閣外から影響力を与える存在）も、加藤・原・犬養の三首領、枢密顧問、検事総長に入閣を求め、最高委員として大戦後の経綸を話しあわせる無任所相案を検討しており（千葉、二〇〇八、前川、二〇一七・四）、閣内統合のあり方は副島と共通していた。

他方、原は最高委員会構想をもっていた。元老の山県有朋を委員長、首相や各政党党首など数人を委員とし、大戦後の「総ての大方針」を審議対象にするものである。寺内もほぼ同意したが、山県は消極的な態度を示した（前川、二〇一七・四）。

2 「大調査機関」の設置構想

後藤新平の「大調査機関」構想

第一次世界大戦中、閣内統合で意識すべきは国家総動員体制への対応であった。大戦がもたらした総力戦という概念と、それに伴う国家総動員の必要性については、田中義一（第二次大隈重信内閣期の参謀次長）が、全国動員計画の実施機関の設置を提言している（小川原、二〇一〇）。

一九一五（大正四）年一〇月、海軍が臨時海軍軍事調査委員会を設置すると、一二月には陸軍省内に臨時軍事調査委員会が設置された。以後、総力戦に勝つには国軍の充実と国家総動員準備の施設などが必要と認識されていく（同前）。

国家総動員は国務と統帥の一元化を課題としたため、政治問題への軍部の関与の可能性を高めた。逆に、軍部大臣文官制の検討など、政治が軍事領域に入る可能性も高めている。小磯国昭《こいそくにあき》は戦争指導に国務機関側の参画が必要と考え、首相を大本営に列席させたり、発言権を有する陪席者としたりする案を出していた（黒沢、二〇一三）。

後藤新平の「大調査機関」構想も、総力戦への対応という点で注目すべきであろう。東京市長在任期（一九二〇～一九二三年）のものと思われる文書で彼は、広範に資料を収集・判断し、首相が主体となる機関を構想している。閣僚からの諮詢だけではなく、機関自らが活動するという性格づけも示唆した。政府が本格的な調査機関を保有していないために、国策が先をみとおせていないことを危惧しての提言である。大戦後、世界の情勢を敏感に察知し、いかに早く有効な政策を打ち出せるかが、日本の存在感を高めるうえで重要と考えていた。

「大調査機関設立案」という文書でも、内閣を一体化させる機関を設置し、首相が直接統制することを念頭に置いている。調査機関としての実効をあげるため、長官には各省大臣に劣らない人物を据えることが述べられており、ここからも国の威信をかけて調査に臨もうという姿勢が窺えよう。

「訓示案」は、既存の調査機関では難しい大規模かつ総合統一的な計画を行う機関の設置を唱えている。国政担当者がさまざまな局面に対応するうえでの自信になる調査研究を目指し、貴衆両院議員や有識者も参画させ万全を期していこうという意思が込められていた。計画の立案にとどまらず、実際の国策立案に生かそうとの積極的な姿勢がみられる。激動の国際情勢に取り残されないための、国家の生き残り策という狙いを含んだ構想といってよい。

一方で、信頼できる調査の欠如を財政経済問題の破綻及び外交的な孤立の要因ととらえ、その解消方法として内外情勢の普遍的かつ根本的調査を重視するという意見も出している。彼は既存の機関が急場しのぎの対応にとどまっている反省から、新たな調査機関を内閣以上に学術的且つ精神的権威を有する機関に位置づけようと考えていた。

後藤は、調査機関は常に厳然としてあり、内閣の国策樹立に示唆を与えるべきとの信念を抱いていた。内閣の交代によって運営を終えてしまう機関では国家の大方針は決定できないと考えるのである。その信念が「大調査機関」の運営方針にいかんなく反映されている。

「大調査機関」構想への反響

ただ後藤新平は、各省の調査機関を不要とは考えていない。むしろ「大調査機関」と両立させて内容や規模に応じた調査に当たらせることで、将来の問題に備えようとしている。個々の調査を総合させ、国策レベルへ収斂させていくことにも重きを置いている。そのために「首長」は強力な指導力を備えている必要があり、臨機応変の対応力も求められた。一方、こうした構想に対しては、新設の調査機関が既存の機関と事務的に重複してしまわないか懸念する意見もあった。

また後藤は、「首長」が政務上重要な案件について、閣議で意見を述べることが重要とも考えており、立派な国家戦略が単なる構想で終わってしまわないよう注意を払っている。別の個所でも、評議員に国務大臣を加えるとしており、閣内の連絡調整を意識している。

後藤に限らず、調査機関一般については、『読売新聞』（一九一七〈大正六〉年一月一二日付二面）が外務省臨時調査部や大蔵省臨時調査局などの概要を列記し、大戦後も視野に入れて調査・検討を行うべきとの内閣の発表を掲載している。また諮問機関に限定しても駄目で、政策を実行するうえでの調査を重視した。これらを後藤の構想と重ね合わせると、調査機関の使命とは、直接的には国力の正確な把握と一層の経済発展への道筋づくりであり、その実現に向けて閣内を横断的に統轄する強い内閣の構築にあるといえよう。さらにその先には、強国日本を世界へ示していくことで、国家存立の維持を確保しようとする構想もみすえていた。調査機関の設計は、日本の行く末への〝危機意識〟と〝期待感〟の両方が混ざりあうかたちで進められていったのである。

ただ実際の設置となると、内閣の考え方や予算が絡み、困難をきわめた。後藤は調査機関の実現にむけ、高橋是清《たかはしこれきよ》蔵相と意見交換を行っている。高橋は、原敬首相とともに後藤の構想へ賛意を示す一方、批判が政権へ向けられることを懸念し、既存の省を編成し直す方がよいと逆提案した。後藤の理念に共感はするものの、設置にふみ切るのは危険と判断している。高橋の提案に対して後藤は、調査機関を設けるか否かを首相と協議してほしいと食いさがった。

一九二〇年五月、原は後藤に対して、調査機関の具体的な案文作成を法制局長官の横田千之助に依頼すると約束している。しかし高橋や横田らが協議した結果、かなりの修正が必要ということになり、後藤による運営資金のあても立たなかったとみえて、設置にはいたらなかった（季武、一九九八）。後藤の理想と政権側の現実的な考え方にずれが生じているため、調査機関の新設は厳しかったといえよう。

3 臨時外交調査委員会の設置

臨時外交調査委員会の設置へ

以上でみてきたように、第一次世界大戦のあたりには、閣内統合や政戦両略の一致を担う機関が多方面で検討された。政策の立案と執行に、指導者の強力な主導性は大事である。ただ政権基盤の安定には政権内外、特に元老と政党勢力から協力を得ることも重要であった。

一九一六(大正五)年一〇月、大隈重信首相は立憲同志会総理の加藤高明を後継首班に推薦した。しかし元老の山県有朋は自系の超然内閣をつくり、元老の政治指導権を保持しようと考えていた(小林、一九六五)。そこで寺内正毅元帥の名が浮上する。寺内と加藤の連立内閣の話に山県も賛意をあらわしたが、各党各派への配慮を嫌った寺内が拒否した。

結果的に、政友会と国民党の協力によって、一〇月九日に寺内内閣が誕生した。寺内首相は翌年二月一〇日の地方官会議で、衆議院の多数党の代表者が内閣を組織することは天皇大権を侵害し、両院制を無視することになると述べている。また政友会の清水市太郎は、挙国一致には「消極的挙国一致」と「積極的挙国一致」があり、前者が国家存亡のときのかたちであるのに対し、後者は国運の発展を期して国威国権を示すかたちととらえている。清水は後者の考えにのっとり、内閣と帝国議会が対立すべきときではないと考えていた。

政党の支持を得る重要性は、臨時教育会議や臨時外交調査委員会（以下では「外交調査会」とも表記する）の設置・運営からもうかがえる（清水、二〇一〇）。臨時教育会議は、内閣・枢密院・貴衆両院・軍・財界関係者を委員とする首相直属の機関で、学制改革の基本方針を決定する役割を担った（増田、一九九九）。

一九一七年六月五日、寺内内閣において宮中に設置された外交調査会は、対中政策の再検討などを目的として運営を開始した。大戦の終結後を見越した意見交換や、第二次大隈重信内閣期に乱れた対中関係を復旧させる狙いがあったとされる。

寺内正毅

以前から、大戦後の経営方針を策定する機関の設置を求める三浦梧楼と、議題を外交に限定しない原敬の最高委員会構想が浮上していた。また三党首会談で、外交と国防に対しては元老の介入を許さない方針が確認されていた（千葉、二〇〇八）。それでも外交調査会の設置直前に原は寺内に対し、元老山県を委員長とする希望を伝えている。

そのほか、国民党党首の犬養毅は国策樹立機関の設置を持論とし、山本権兵衛内閣期に軍事と財政の調整機関の設置を提言していた。前述のように、伊東巳代治は無任所相の設置を考案している。「臨時外交調査委員会裁可奏請書案」（一九一七年一月）の執筆など、外交調査会の設置に積極的にかかわった伊東の狙いは、調査会の委員を無任所相に見立てる点と、外交調査会に元老と同じ資格を与え、山県の地位を相対化させる点にあった（高橋、一九八四・七）。対する山県は、政党や議会勢力が外交調査会に参加することで、統帥部が牽制されることに賛意と危惧の両方を抱いた（雨宮、一九九七年）。

なお、元老への配慮については原が、元老も皆一緒にして外交も何も国是の根本をきわめる機関をつくりたいと述べたのを伊東が受け売りしたかもしれないと語っている。伊東ではなく自身が内閣補強案を生み出したという自負があったのだろう。

臨時外交調査委員会の反響

一九一七（大正六）年六月一日、翌日の三党首会談を前に寺内正毅首相は、外交調査会を設置し、三党首と平田東助、伊東巳代治を高等委員とし大臣待遇を与え、外交政策の審議決定に携わらせることを求めようとしていた。この考えを知らされていた山県有朋や松方正義らの元老、そして平田・伊東・原敬・犬養毅は同意し、加藤高明は態度を保留とした。

二日、三党首会談が開催された。寺内は国論一致を目的とする外交調査会の設置を提案し、官制案も提示した。犬養と加藤は憲法に抵触する恐れを抱いたが、寺内は否定している。最終的に犬養と原は承諾したものの、加藤は依然態度を明らかにしなかった（小林、一九六五・四）。ただ三日の臨時閣議では、外交調査会設置の上奏文と官制案が示され、設置にむけた手続きは進んでいく。加藤は四日、自身が抱く外交調査会への疑義を児玉秀雄《こだまひでお》内閣書記官長へ託し、五日の閣議で加藤の参加見送りが閣僚に伝えられた。

加藤は、内閣が存在する限り、憲法の範囲内で政府自らが外交による国論統一を行うべきと考えていた。国防や財政についても内閣で行うのが当然とし、外交調査会は必要ないと結論づけたのである（『大朝』一九一七年六月八日付、大山、一九八七）。

こうした波乱のなか開かれた第一回の外交調査会で、寺内首相は、加藤の率いる憲政会が憲法の関係や形式を理由に政府を攻撃していることに対し批判した。松本剛吉《まつもとごうきち》（田健治郎逓相の秘書官）は、加藤の参加拒絶は憲政会の損失ととらえている。しかし挙国一致内閣の実現という点では、政権側にも痛手であった。『東京朝日新聞』（一九一七年六月四日付三面）は、三党首の継続的な議論を保証する必要性を指摘する。三党首自身が参加することで内閣との意思疎通が密となり、国論統一に結びつくという理解であろう。

一九一七年六月四日、寺内が天皇に外交調査会の設置を奏請した際、以下のように述べていた。大戦の終結を日本に有利に実現させるには、英米などの要求に多大な援助を与える必要があり、それには適当な調査機関を設置する必要がある。欧米や中国に対して正しい方策をとるのが急務であり、そのために首相を中心とし、閣内外の協力者によって挙国一致を目ざすのが外交調査会である。ここには、外交調査会が閣僚の輔弼責任を脅かす存在という懸念は少しも感じられない。

外交調査会は、制度的には天皇直属の外交政策諮問機関であり、第三九回帝国議会衆議院本会議（七月一二日）でも寺内は、外交のみを扱うとしている。外交に関して、元老と同一の機能、あるいは元老を補完する力を有する機関とされた。しかし当事者たちは、外交・財政・国防に関する幅広い問題を調査し、事実上決定する組織と認識していた（雨宮、一九九七）。運営が芳しくなかった防務会議にかわり、国策全般の統合・調整、各国家機構の意思統一を目的とする機関と目されていた節もある（戸部、一九九八、増田、一九九九）。内閣以上の重責を担い、内閣はその決定の施行にあたるとの受け止めもあった（雨宮、一九九七）。

さらに『報知新聞』（一九一七年六月一一日付二面）では、外交調査会の設置を、①寺内内閣の外交問題の行き詰まり、②犬養の政治的活路を求める動き、③原による新たな政界での立場を求める動き、の利害が一致した結果と推測している。内閣が担うべき外交政策の輔弼責任を外交調査会に転嫁する目的があるとも勘ぐっている。加えて、外交調査会の設置に伊東巳代治が深くかかわっているため、伊東が後継首班の候補となってくるとも推測していた。外交調査会を機能面で評価せず、政争の具ととらえていることがわかるだろう。

臨時外交調査委員会の意思決定

「臨時外交調査委員会官制」には、外交調査会を総裁一人・委員若干人で組織することや、首相が総裁となり、①国務大臣、②首相か国務大臣の前官礼遇者、③国務大臣であった者、④親任官、から委員を選び勅命することが示されている。

設置当初の構成員は、総裁が寺内正毅首相、委員が後藤新平内相、大島健一陸相、加藤友三郎海相、本野一郎外相、平田東助、原敬、牧野伸顕《まきののぶあき》、伊東巳代治、犬養毅である。幹事長は本野一郎《もとのいちろう》がつとめ、幹事は山田隆一《やまだたかかず》陸軍中将、鈴木貫太郎《すずきかんたろう》海軍中将、幣原喜重郎《しではらきじゅうろう》外務次官、児玉秀雄内閣書記官長であった。委員は国務大臣待遇で迎えられ、内閣からも特定の閣僚が委員に選任されているため、インナーキャビネット的な機関といえる。牧野・平田・伊東ら枢密顧問官《すうみつこもんかん》の加入には、山県有朋を議長として政治的に活発化していた枢密院の不満の封じ込めという意図があった（千葉、二〇〇八）。また政党から原と犬養が委員に就任したことで、超党派的外交の性格が付与された（石原、一九八一・一〇）。

伊東・後藤・本野が検討したとされる「臨時外交調査委員会内則」（一九一七〈大正六〉年六月一八日）によると、議事や報告事項は絶対に秘密とされた。議事進行は「報告会（幹事長が外交上の経過および情況を報告し、委員の提議に応じて資料を提供する）」と「評議会（幹事長があらかじめ委員に渡した議案・幹事長が臨時提出する議案・幹事長が話す案件につき調査審議する）」に分けられている。

評議会では、審議結果を得るべきときは総裁が会議を整理し、請求があれば少数意見も尊重するとしている。議案は幹事長が執筆して総裁が確認し、各委員に渡すこととなっていた。国防問題について、外交調査会が調査を必要とし総裁が認めたときは、幹事長から首相に報告し、当局者の出席を求めることができるともされている。その後、外交調査会の議決は天皇に上奏され、天皇が首相にさげ渡すという手順をふんだ（井竿、二〇〇〇・三）。

このような構成で運営を開始した外交調査会であるが、憲法に抵触するとの見方が根強かった。内閣以外に天皇の直隷機関を設けることで、国務大臣に掣肘を加える可能性を発生させたことが原因であり、加藤高明は寺内内閣との対決姿勢を示した。大隈重信も、憲法を蹂躙する機関と評している。

宮中と府中（内閣）の区分けを混乱させ、内閣の責任を回避するものとも述べ、批判の度合いを強めた（小林、一九六五・四）。

違憲とまではいかないが、否定的な見方もみられた。『時事新報』（一九一七年六月六日付四面）は、党首を外交調査会に抱き込むことで政府への厳しい目を和らげることが目的なのではないか、という噂を紹介している。また外交調査会が、天皇に直隷して重要な問題の諮詢にこたえる「別種の枢密院」というべきものであること、外交調査会からの提議も可能とされていること、議決には閣議以上の権威があることを問題視した。

対して寺内は、外交調査会を首相の相談相手のようなものと考えていた。また国論統一のために外交や軍事問題を政争から離れた場所で決定する組織であると説明している（前川、二〇一七・四）。法制局長官の有松英義《ありまつひでよし》が鉛筆で書きとめたと推測される史料には、国務大臣が輔弼責任を負うと述べられている。これは、政府内に国務大臣以外の輔弼機関が存在し、違憲を疑われていることに対する弁明といえよう。伊東巳代治も「臨時外交調査委員会要義」をしたため、反駁《はんばく》の用意をした。

学界では、明治大学教授をつとめた弁護士の松本重敏《まつもとしげとし》が、外交調査会は憲法に抵触せず、むしろ国務大臣の輔弼を完全にさせるものとしている。憲法上、輔弼が不完全な責任は国務大臣にあり、ほかに転嫁すべきではないとも述べた（「外交調査会と輔弼責任」『法律新聞』一九一七年六月一三日付）。他方、早稲田大学教授をつとめた大山郁夫《おおやまいくお》は、「国論統一」という意味を、国民の間の多様な意見を融和調節して一つの国家意見を構成することと解釈し、それなら国務大臣と帝国議会の交流で足りると論じている（大山、一九八七）。

また『読売新聞』（一九一七年六月四日付二面）は、臨時外交調査委員会を新設し、三党首などを委員に任命して外交策を協議決定し、内閣にその政策を運用させることになったと述べ、外交調査会が内閣よりも上位の機関と理解している。

臨時外交調査委員会の違憲性

さらに新聞紙面に掲載された否定的な意見をみていきたい。『大阪朝日新聞』（一九一七〈大正六〉年六月八日付）は加藤高明憲政会総裁の演説を報じている。彼は外交調査会の問題点をつぎの①〜③のように指摘した。①憲法に直接抵触しなくても、国務への意見を述べて政府に遂行を求めれば、政府は困難な立場に立たされる。②もし外交調査会がすべての政府提案に賛成するなら、外交調査会は無用の長物と化す。③外交調査会の決定事項を国務大臣に遂行させれば大臣の責任が不明確となる。したがって外交調査会の参加者を閣僚とし、責任を取らせるのが有効なのではないか。

同紙の一九一七年六月二五日付では、外交調査会を「屋上屋を築くの異観を示」すものとあらわし、別の内閣を築いたととらえている。また、外交調査会を外務省や内閣の上に位置づけ、調査会の議論に「盲従」させるものであり、外交専門の元老会議を設置するものとも批判した。実際、元老会議と外交調査会の開催をめぐって騒動が起っている。あえて天皇直属の機関とした点にも疑問を投げかけた。会に参加しなかった加藤高明については原敬政友会総裁が、欠席裁判を受けるようなものなので、まずは会に参加して考えを述べた方がよいと批判している。

法学者である佐々木惣一《ささきそういち》は『東京朝日新聞』三面で、外交調査会を痛烈に批判した。彼は、天皇を輔弼するのは国務大臣であり、外交は外務省が輔弼責任を果たすべきことを示唆する。したがって外交調査会の設置ではなく、指導者の才能にかかわることゆえ、人を替えるしかないと指摘した（一九一七年六月一三日付）。

ただし佐々木は、国務大臣の輔弼責任を侵害しなければ「顧問的機関」の設置は可能とも考えていた。その要件として、国務大臣が外交調査会に参加しないことを強調する。参加することで「二重政府」となり、混乱を来すことを懸念しているのだと思われる（六月一四日付）。六月一五日付でも外交調査会を「顧問機関」という、政府より下位に位置づけるなら設置はあり得るともしている。

かりに外交調査会を外交政策の判断材料を得る機関に徹しさせるとしても、委員が外交判断に優れているかは疑問があるとも述べる。原や犬養毅は大臣の前官礼遇者として参集しており、たまたま政党の党首の地位にいる彼らがいるからといって国民の意見が把握できる制度とみなすのは浅はかであるとの持論も展開した（六月一六日付）。内閣が外交方針を確認したり意見を徴したりしたいときは、帝国議会にはかるべきという信念が佐々木の根底にはある（六月一五日付）。

そのほかにも、過去に設置が叫ばれてきた機関と外交調査会が類似するものと周囲が思い込んでいることを疑い、天皇の官制大権（大日本帝国憲法第一〇条にある、天皇が行政各部の官制を制定できる権限）を根拠に設置を正当化するむきに対しては、天皇を輔弼する機関の新設に問題があると反論する（六月一八日付）。

さらには、防務会議を例に出し、閣外の意見を顧問的に聞くことはしないことや、国論の統一は目的外であり、直接天皇を補佐するわけではないので憲法上問題はないという性格を列記する。またイギリスの国防委員会は政府に属し、国論統一が目的ではないため、防務会議に類似した機関とみなした（六月二〇日付）。こうした比較によって、外交調査会の問題点を一層際立たせようとしているのだろう。

帝国議会での追及

こうした批判に対して伊東巳代治は「臨時外交調査委員会要義」をまとめ、外交調査会の存在意義の理論武装をはかっている。しかし第三九回帝国議会衆議院本会議でも、会への疑義が追及された。

寺内正毅首相は一九一七（大正六）年六月二六日の施政方針演説で、外交調査会の運営開始を報告した。対して憲政会の島田三郎が、外交調査会に参加している大臣とそうでない大臣の差を問い、その状態は外交調査会を内閣の上位に置いていることにもなると迫っている。

また、翌日の衆議院予算委員会で尾崎行雄が、外務省が天皇の輔弼を掌っているにもかかわらず、外交調査会の設置によって外交窓口が二つとなり混乱すると批判した。寺内は、外交調査会は天皇大権（官制大権）によって設置された機関であると反論した。三〇日に衆議院本会議で提出された、尾崎らによる内閣への不信任決議案の説明でも、外交窓口が複数存在することと、輔弼責任の所在が追及されている。ただ寺内の答弁をみる限り、外交調査会の構成や、国家機構のなかでの位置づけを見直す意思はないようである。

注目したいのは尾崎が、国防会議は内閣に対するものであるが、外交調査会は天皇に直轄する機関という点が異なると発言している点である。国防会議は防務会議を想定したものと思われる。とすると尾崎は、佐々木惣一と同様に、防務会議と外交調査会を比較することで外交調査会の違法性を明確にする意図をもっていたと理解できよう。

この追及に対して、外交調査会は輔弼責任を負っている国務大臣に近いのではなく、枢密顧問官に近い機関といえるとの反論があった。しかし今度は下岡忠治が、憲法に示されている輔弼機関以外は認められないことや、前例がないことを挙げ、一貫して違法性を主張する。七月一三日の衆議院本会議でも斎藤隆夫《さいとうたかお》が、外交調査会の運営がなぜ憲政の大義に混乱を来すのかを説明した。それに対して植原悦二郎《うえはらえつじろう》外務次官が反論している。

原敬内閣にかわっても、疑義は払拭されなかった。一九一九年一月二二日の第四一回衆議院本会議で憲政会の望月小太郎《もちづきこたろう》は、外交調査会が天皇の諮問機関にすぎないと理解している閣僚がいるが、その理解は大変な誤りと述べている。くわえて、その外交調査会に日中親善に否定的な寺内と後藤新平を加えたことに疑問を呈した。対して原は、外交調査会が外交などの知識をもった者を集めるのは当然であると答弁するにとどめた。

二七日の予算委員会では、これまで外交調査会の違法性が指摘されてきたものの、寺内前内閣はそれを見直さなかったとの糾弾があった。さらに、前内閣の関係者である寺内や後藤を会に参加させるのは問題であるとの意見も再度出た。諮問機関であるはずの外交調査会が天皇に発言することは適切なのかを問う意見も飛び出した。こうした意見に原は、寺内や後藤を参加させるのは有益であり、外交調査会は諮問を受けることも自発的な発言もできると返答している。

その後も批判はおさまらず、外交調査会は第三の輔弼機関（第一は国務大臣、第二は枢密顧問）ではないかと指摘する声があがり、質問と反論が繰り返されていく。原は、宮中に設置されたのであるから問題ないとの持論にのっとって答弁した。外交調査会の運営が重ねられても違法性の疑義は残り続け、内閣への攻撃の材料とされている様子が伝わってこよう。会の設置によって内閣が強化されるどころか、逆に政争が泥沼化している印象さえ受ける。

内閣・外務省との関係

外交調査会の運営面でも、内閣の一体性は損なわれていった。外務省が収集・選別した情報を外相が外交調査会に提出し、その結論に沿って政策を実施することになったため、外務省の地位は危機的な状態に陥っていった（石原、一九八一・一〇、井竿、二〇〇〇・三）。

さらに伊東巳代治は、外交調査会の機能を外交に限定させるとしながら、条件つきで国防や内政面へのふみ込みも許容としている。犬養毅は、会の調査範囲を拡充させるため、防務会議を合併することまで構想していた。国政に対する影響力を強める狙いだろうが、そうなると、内閣の政策決定力を弱めてしまうことになりかねない。外交調査会の担う範囲が広がるほど、他の機関との軋轢が生じるのは自然なことである。

外交調査会は、第一次世界大戦、シベリア出兵、ヴェルサイユ・ワシントン両会議への参加と条約の締結、山東半島還付問題（日本がドイツから獲得した山東半島を中国に返還する方法）など、多岐にわたる討議を進めていく（小林、一九六五、増田、一九九九）。そのなかでシベリア出兵が、政治指導と戦争指導を政府へ集中させ、かつ政治と軍事の分業を確立させた事例としてあげられる（纐纈、二〇〇五）。ただし調査会内部、また内閣と調査会の対立も深まっていった。その様子を以下でみていく。

第一次世界大戦のさなかにロシアで革命が起り、一九一七（大正六）年にロマノフ王朝が滅亡し、ソヴィエト政権が誕生した。一二月二六日にイギリスから正式にシベリアへの共同出兵の提案が行われると、翌日の外交調査会では本野一郎外相が出兵を提起し、原敬と対立している（井竿、二〇〇〇・三）。翌年二月六日に本野が米英仏への出兵を提議した際も、原をはじめ高橋是清や岡崎邦輔ら政友会幹部は反対した（季武、一九九八）。その一方で、三月にはシベリアの状況が切迫してきており（『時事新報』一九一八年三月一〇日付六面）、英仏は日本軍が西シベリアまで遠征し、ドイツ軍を牽制することを希望している（森松、二〇一三）。外交調査会にとって出兵は重要な議題であり、以後、その是非を討議していった。

もう一つ外交調査会では、緊迫した場面が生まれている。本野に対して出兵の助言や援助をした伊東巳代治が、彼の対応がなっていないと不満をもらしたのである。粉飾・誇張した意見書を元老と閣僚に配付し出兵を促したことも、伊東の怒りを買った。

一九一八年三月の外交調査会では、本野が独断でアメリカと出兵交渉をしたことに原が反発している（千葉、二〇〇八）。調査会委員の牧野伸顕も、本野の行動が外交調査会の決定と異なることに違和感を抱いていた。外交調査会が各参加者の意見調整の場として、正常に機能していないことがわかる。結局、本野は辞職を選び、後任は後藤新平に決まった。

七月八日、アメリカがチェコスロバキア軍救援のための共同出兵を要請すると、寺内正毅内閣は一二日の閣議で出兵方針を決定し、元老会議と外交調査会の承認を受けて天皇裁可へ進んでいく（森松、二〇一三）。外交調査会では、上原勇作参謀総長・田中義一参謀次長・宇垣一成参謀本部第一部長らが出兵を推進しており、慎重であった寺内も日米共同出兵に賛成した（大江、一九九六）。その後、外交調査会では自主的出兵を叫ぶ〝寺内・後藤・伊東・犬養〟という多数派が形成されていき（高橋、一九八五・五）、他方で諮問機関にすぎない外交調査会が出兵問題を扱っていることに対する不満が、閣内には存在した（井竿、二〇〇〇・三）。

外交調査会と内閣の関係はさらに複雑になっていく。一九一八年七月一二日の閣議では、チェコスロバキア軍救済のために日米共同で兵器を供給し、援兵することが議論された。大島健一陸相や加藤友三郎海相は自主的出兵の必要性を述べ、ほかの閣僚も賛同した。その結果、自主的出兵論が内閣の意見となったものの、外交調査会は拒否している（前川、二〇一七・四）。閣議を経た事項が外交調査会で覆されることになれば、両機関による〝二重権力〟が国家意思決定の秩序を脅かす深刻な事態となるだろう。

『大阪朝日新聞』（一九一八年六月二三日付）は、外交調査会を「事実上の閣議」とみなしている。また委員会の閣議化を、政友会が寺内内閣の与党的な立場になる狙いを含むものともみている。外交調査会の重視は政変準備であり、次期内閣で伊東・後藤・犬養が有利な立場を築こうとする目的があるとの観測も存在した。これは、外交調査会を政争の具ととらえる見方といえよう。

伊東巳代治の臨時外交調査委員会批判

一九一八（大正七）年七月に入ると、海軍軍令部次長の竹下勇は一七日の日記に昨日の閣議でシベリア出兵が決定されたことを記し、一八日には外交調査会で宣言案が可決されると予想している。しかし外交調査会では、牧野伸顕がウラジオストク以外の出兵に反対し、寺内正毅首相が反論する場面があらわれた。牧野は従ったが、今度は原敬がアメリカの同意を得る必要性を訴えている。すでに原は、もし自身の意見が受け入れられないなら脱会し、政府との提携を破棄すると心づもりしていた（高橋、一九八四・七）。逆に田健治郎は会のあと、国家のためなら出兵を断行すべきとの態度を示している。結局、八月一日の臨時閣議で、田が用意した出兵宣言の修正案を寺内が取り入れることで決着した。

二日にはシベリア出兵宣言が出された。チェコスロバキア軍の救援、ロシアへの内政不干渉と主権不侵害、ロシアおよびロシア国民との友好関係の維持が条件である（井竿、二〇〇〇・三）。出兵計画は政治と軍事の両方から処理すべきものとされた。このころ、参謀本部第一部第二課の作戦班長という職にあった畑俊六《はたしゅんろく》も後年、出兵には政戦両略の事項が多く、陸軍省と連絡するための組織を設けて頻繁に会合したと語っている。しかし、要領を得ず不愉快だったとも振り返った。政軍関係の調整は外交調査会を背景に政府主導で行われ、後藤新平らの官僚や財界人が積極的に関与したため（纐纈、二〇〇五)、統帥部所属の畑は不満に感じていたのだろう。

ただ、常に外交調査会の影響力が行き届いていたわけではない。伊東巳代治は一九一八年八月一七日、原へ書簡を送り、満洲の日本人居留民の治安悪化に対処するため、満洲駐屯軍の一部隊を別の地点へ出動(移動)させる計画に関連して不満を述べている。一三日に後藤が伊東を訪問し、外交調査会の審議を省いて兵の出動を決定したと報告されたからであった。後藤は、この問題がきわめて軽微であり、また急を要する案件であったことから、外交調査会に付議しなかったようである。しかし伊東は、事の大小軽重にかかわらず、外交事項は外交調査会で議論すべきと非難し、後藤への嫌悪感をあらわにした。

伊東は、児玉秀雄内閣書記官長に対しても、この問題は外交調査会の審議を経るべきと訴え、今回の顛末を記し会の参加者に回付までした。外交調査会が外交事項を所掌することが、憲法に抵触するという疑いを払拭する方法と考えていたからだと思われる。ただその態度は逆に、外交調査会と内閣の〝二重政府〟体制と批判される可能性と隣あわせであった。

別の日にも伊東は原宛の書簡で不満を書き連ねている。シベリア経済援助委員会という新組織を、外交調査会を経ずに設置したことへの苦言であった。後藤は、今回の件は外交上重要ではないと判断したと釈明したが、伊東は、外交調査会に諮詢の手続きを取らなかった理由にはならないと再反論している。伊東の不満には主観的なものも多分に含まれているが、外交調査会では運営面で亀裂が生じていたことは間違いない。

原　敬

シベリア出兵過程において外交調査会は、戦略に対する政略優位の体制を築いた。しかし内閣との不協和音や、会内部の意思疎通不足といったように、〝外交の挙国一致〟を実現する機関としては難がある運営であった。憲法問題もさることながら、政策の統合を狙う機関としても解決すべき課題の山積する存在だったと評価できる。

原敬内閣期の臨時外交調査委員会

一九一八（大正七）年九月に原敬内閣へ交代すると、原は外交調査会の廃止を要求した。伊東巳代治は存続を訴えたが、原は閣議決定の比重を増大させ、その決定が外交調査会でほぼ無修正のまま承認されるようにしていったのである（雨宮、一九九七、前川、二〇一七・四）。外交調査会の廃止は加藤友三郎内閣期の一九二二年になるが、原はこれからも廃止を窺っていった。

内閣主導の政策決定の様子は、シベリア撤兵過程を追うことで確認できる。撤兵は大戦におけるドイツの敗戦が確実となって、日本への脅威が解消されたことが背景にあり、田中義一陸相の主導で実行された（大江、一九九六、小林、二〇一〇）。

一九一八年一二月一八日に原首相・田中陸相・加藤友三郎海相・内田康哉《うちだこうさい》外相が会談し、翌日の閣議で撤兵を承認した。二二日には外交調査会で承認され、天皇の裁可を得ていく。少数閣僚→閣議→外交調査会という順番で決定が進み、外交調査会ではほとんど議論はなかった（大江、一九九六、前川、二〇一七・四）。

シベリア撤兵の決定にあたっては、本来は陸相と参謀総長が協議すべき事項にもかかわらず、統帥権を輔弼する参謀本部を排除した（前川、二〇一七・四）。参謀本部は、出兵兵力の進退は政府の権限外であると抗議したものの、内閣側は政略ととらえ、陸相の管轄に属すると対抗した（大江、一九九六）。

この対立と直接関連があるかは不明だが、「大正八年二月二十一日調査会議参考書」という史料には、軍政と軍令の区分を内容とする、伊東による憲法の解釈書の抜粋が収録されている。まず、憲法に規定された統帥大権と編成大権を掲げ、つぎに元首の委任によってはじめて陸海軍を統督できることを説明している。さらに、軍政・軍令両事項の処分はいずれも天皇の行政権と関連しているとする。①アメリカでは大統領が陸海軍の大元帥であるが、軍備整備や軍隊の条規・細則を制定する権利は議会にある、②イギリスでは国王が陸海軍の大元帥であるが、議会の協賛なしでは平時の常備軍を設けられない、などと英米の規定も参照している。

以上が軍政・軍令の区分が問題になったときの、伊東なりの理論立てである。欄外に「宣戦制限」や「委任統治」とあるため、すでに始まっていた第一次世界大戦の講和会議（ヴェルサイユ会議）の備えが目的と考えられる。ただ、シベリア撤兵が政略行為と位置づけられる以上、内閣で処理すべき案件であることを主張する目的もあったのではないだろうか。

ともあれ原内閣は、首相・陸相・外相で協議したうえで、段階的な撤兵方針（特に兵力の半減政策）を閣議決定し、外交調査会で承認させた。参謀本部にとっては抜き打ち的な進め方であり、閣議決定は外交調査会を通じて統帥部を牽制するきっかけとなった。その重要な役割を果たしたのが田中陸相の手腕であった。田中は増師問題の経験から政党との提携が不可欠と認識し、原内閣に協力的な態度をとったのである。逆に政党側は外交調査会を利用し、田中を介して統帥権がおよぶ範囲にも介入しようとした（雨宮、一九九七、戸部、一九九八）。

外交問題と臨時外交調査委員会

最後に、第一次世界大戦の講和会議に派遣された日本全権団の行動と、外交調査会の関係をみておきたい。

一九一九（大正八）年四月ごろ、伊東巳代治は平田東助《ひらたとうすけ》（外交調査会委員）への書簡で、日本全権団による英米への追従と、犬養毅が全権団の行動の不甲斐なさに憤り外交調査会委員の辞意を表明していることを伝えている。伊東は、全権団の無能ぶりが政府攻撃のみならず外交調査会への批判につながっている点に怒り、犬養は全権団が毅然とした態度をとらない点に落胆していた。それでも伊東は国家が重大なときなので最善の努力を行うよう奮気し、犬養も四月二一日の外交調査会で自身の考えを述べると決意して会議に臨んでいる。

伊東は七月、山東半島還付問題に対し、還付条件が日本側に不利となることを懸念している。そこで、外交調査会において議論の機会を設け、それ以外の場でも関係各所に注意を促した。全権の牧野伸顕が日中交渉で譲歩を与えることは仕方ないが、研究は必要と考えており、犬養も二一日の外交調査会で還付条件の研究が急務であることを発言することになった。

伊東は「オムスク」政府の承認問題でも、外交調査会が外交方針を主導する役割を負っていると認識している。外務当局が伊東の忠告を聞かず苦境に立たされた際、その失策を覆い隠そうとしたため、彼はさらに追及する姿勢をみせた。加えて伊東は後藤新平に対し、過去の外交調査会の議事筆記を参考にして判断を修正するよう外務当局に注意してほしいと依頼もしている。外交調査会の方針から逸脱する外務当局の考えを執拗に正そうとした。

犬養はというと、前述したように、四月二一日や七月二一日の外交調査会に出席し、自身の考えを直接参加者に訴えていく姿勢をみせた。ただこのころ彼は、国策樹立のための高等会議の設置も提案しているため、外交調査会の機能に全幅の信頼を置いてはいなかったと考えられる。

外務省に対する伊東の不信感は、さかのぼること一九一八年一一月、休戦問題の討議の模様が外交調査会に報告されないことに対し、幣原喜重郎外務次官に注意を与えたころから始まっていた。ただ彼の批判に、原ら外交調査会参加者が当惑していたため、諸々の伊東の主張の正当性は慎重に判断しなければいけない。

一九一九年一〇月ごろになると、犬養は内閣への批判的な態度を一層強め、外交調査会を離れる決心を固めた。内閣の内政・外交ともに機宜を得ず、これでは国事は遂行できないと考えていたようである。外交調査会の権限を財政や国防にまで及ぼしたいという願望もかなえられずにいた（岡、一九九〇）。また、元衆議院議員の大石正巳と熟議し、政友会と憲政会のほかに有力政治家で会を組織して、将来の進路を協定したいとの構想も抱いている。伊東が委員会の運営に固執するのに対し、犬養は別の国策統合機関の設置へ興味を移しつつあった。

4 国家総動員機関の設置と行政整理

国家総動員機関の設置準備

後藤新平は外交調査会の成果を評価しつつも、対中政策の成功には新たな機関も必要と主張している。具体的には、軍需相を新設して食料や軍需品などの計画を定め、その遂行についての策を立てるものであり、「大調査機関」と通底する構想といえよう。彼はまた、陸軍主導による戦時型の総力戦体制を思い描いていた（高橋、一九八五・五）。

一方、陸軍では、省庁横断的な資源統制部局の創設と、国家総動員計画の作成準備を進めた。一九一七（大正六）年一二月には参謀本部から陸軍省へ、軍需品管理法案の制定を求めている（森、二〇一三、二〇二〇）。その結果、翌年四月一七日、寺内正毅内閣下で軍需工業動員法が公布された。このなかには、戦時の航空機や兵器の生産にあたって政府が工場や事業所を収容するなどの規定が盛り込まれている。また、軍需工業動員法の施行に関する勅令では、首相が関係各庁に指揮命令ができるとも定められた。内閣官制で規定されている首相と各大臣の関係ではみられない「指揮命令」が規定されているのが特徴である（神田、一九八九・四、小川原、二〇一〇）。また、軍需工業動員法の施行と軍需工業動員計画の事務統轄に向けて、五月三一日には軍需局を発足させている。総裁には首相が、軍需次官には陸海軍次官がそれぞれ就任した。

原敬内閣になると、一九一九年三月一八日に、軍需局の業務拡張に伴なって軍需工業動員法の施行に関する首相権限の規定を設ける必要が生じ、閣議請議が行われている。五月九日には閣議決定がなされ、一六日に改正された軍需局官制が公布された。「軍需局官制改正案備考」を参照すると、軍需工業動員業務に関する軍需局の統轄機能の強化が企図されている（中野目・日向・長谷川、二〇一四）。

その後、一九二〇年五月一五日には国勢院が設置され、初代総裁に政友会幹事長の経験がある小川平吉が就任した。国勢院は軍需工業動員事務の統轄機関であり、行政各部の統計の統一と、軍需工業動員法の施行に関する事項の事務統轄を担うことで、各省庁の統合が期待された。軍需局は内閣統計局と統合し、国勢院の第二部になった。

国勢院の設置は軍備拡大に伴う軍需品の供給確保が目的であり、陸軍中心の軍需動員計画を政党や官僚へと返す狙いもあった（小川原、二〇一〇）。実際、設置前は陸海軍次官が軍需次官を兼務していたため軍に利益があったが、設置以降はその兼務が解消され、軍の利点は消えている（中野目・日向・長谷川、二〇一四）。

さらに五月二七日、軍需工業動員法の施行に関する首相の権限を明確にさせる規定を設けるため、原首相が閣議請議を行った（同前）。その結果、八月二八日に「軍需工業動員法施行ニ関スル事項ノ統轄ニ付テノ内閣総理大臣ノ職権ノ件」（勅令三四二号）が公布され、法の施行に関する首相の命令権と、各省に対する指揮命令権が付与されることになった（防衛庁防衛研修所戦史部、一九七九、雨宮、一九九七）。

国勢院は国家総動員の準備機関と位置づけられることが多いが、国策の幕僚機関という役割も重要である（山崎、一九四二、若月、二〇一四）。また、一九二五年に設置された行政調査会（後述）に類似する機関の新設が提案されている点から、行政整理や官僚制改革の視点を加える必要性も指摘されている（中野目・日向・長谷川、二〇一四）。

軍需動員計画の中心を担っていた陸海軍では、国勢院の設置によって権限が脅かされることに危機感を強めた。そこで軍関係事項の多くが軍機軍令に関係があるとし、すべて陸海軍省と内協議をしたうえで前掲の勅令三四二号を施行するとしている（同前）。内閣とこの覚書を交わすことにより、首相の権限を牽制しようとしたのであった（神田、一九八九・四）。一方で軍は、国家総動員の準備の本格化という点から国勢院の設置を歓迎したともされる（森、二〇二〇）。

一九二七（昭和二）年五月二七日に設置された資源局になると、軍人には純軍事にくわえて法制・経済・産業などにも精通することが求められ、文官も軍事知識を備えることで、両者の交流の機会が増していった（中野目・日向・長谷川、二〇一四、同前）。

高橋是清内閣と加藤友三郎内閣の行政整理

原敬内閣は、国勢院に加えて内務省社会局を設置し、鉄道院を省へと昇格させた。加藤友三郎内閣では拓殖省や交通省の設置が検討されている。これらには、第一次世界大戦後に行政需要が増大したことへの対処と、積極的な行政整理や財政緊縮を求める動きへの対処という両面がある。両者の両立は厳しいものがあった（奈良岡、二〇〇六）。

高橋是清内閣は、戦後恐慌を受けて深刻化していた財政難を打開するため積極財政を推進し、行政整理も考慮している（若月、二〇一四）。政友会からは「行政整理建議案」が示され、一九二二（大正一一）年三月二日には法制局長官の横田千之助（政友会所属）らが貴族院議員の田健治郎に対して、行政整理を大々的に行い財政経済を立て直すことを提案していた。

ただし『読売新聞』（一九二二年四月四日付三面）は、高橋内閣が行政整理調査会を立ちあげて行政整理に乗り出す意欲を報じるかたわら、歴代内閣は〇〇調査会を数多く設置しているが、実効をあげたものは少ないとの趣旨を述べ、効果に懐疑的な見方を示した。調査会に政友会の党員を委員として任命し、党勢拡張をはかるという構図を疑っているのである。

それでも高橋内閣は、一九二二年五月九日に行政整理準備委員会を発足させた。委員長は首相、委員は内閣書記官長、法制局長官、大蔵次官らがつとめ、以後、この委員会が外交調査会などを廃止していく（下重、二〇一四・三）。

内閣書記官長である三土忠造《みつちちゅうぞう》は同じ五月九日に行政整理の段取りを発出しているが、それは首相が大綱を立案し、内閣書記官長・法制局長官・大蔵次官などが準備委員、また内閣書記官・法制局参事官・大蔵省高等官が補助として細部を詰めていくというものであった。第一次整理案の内容は、事務費の二割天引、行政機関の整理統合、人員の大幅削減などである（若月、二〇一四）。松井《まつい》春生《はるお》は、官制によって設置された調査審議機関の整理を企画しており、官制によらない機関に対しても、内閣による各省の調査審議や合意形成の統制を目指した（下重、二〇一四、三）。

一九二二年六月に発足した加藤友三郎内閣では、九月九日に三浦梧楼が水野《みずの》錬太郎《れんたろう》内相に対して、外交調査会の廃止を提案している。設置を推進した伊東巳代治が淋しがるかもしれないが、気にしてはだめだと発破もかけた。

結果的に加藤内閣は、各種調査機関を整理統一するため、臨時外交調査委員会官制などの廃止を決定した（『大毎』一九二二年九月一七日付夕刊、『中外商業新報』二七日付三面）。九月一六日の勅令によると、廃止されたのは臨時外交調査委員会官制、防務会議規則、拓殖調査委員会官制、臨時産業調査会官制、臨時教育行政調査会官制である。廃止には、初期の目的を達したことと、ヴェルサイユ条約の締結などによりさまざまな案件が一段落したという事情があった（『大朝』一九二二年九月一九日付夕刊）。違憲の疑いには直接触れられなかった。

防務会議規則の廃止については、設置当時から世論に沿わないという批判があったことと、国防に関する重要事項は陸海軍省、大蔵省、参謀本部、海軍軍令部などで審議すればよいという意見があったことが指摘されている（『大毎』一九二二年九月一七日付夕刊）。

加えて、官制の改廃が各省所管の調査会にまで及ぶという見方も出ていた。内閣や各省の調査には相互の連絡統一がなく、政策に矛盾が出ることがあったからである（『中外商業新報』一九二二年九月二七日付三面）。

ちなみに、拓殖調査委員会官制が廃止される以前には、臨時産業調査会官制とセットで廃止し、臨時産業国策調査会官制を設置しようとする案も出ていた。首相の監督に属し、国務大臣の諮問に応じ、かつ調査会自ら発言できる機関とされている。調査結果を総裁が閣議で報告できるという点から、国策へ直接的に影響を及ぼそうとの狙いが読み取れよう。各省レベルの調査機関から一歩ふみ出した役割を期待されているところは、後藤新平の「大調査機関」構想に通じる部分が多い。

さらには陸軍も行政整理をせざるを得なくなり、野砲兵第一、第二、第三旅団を廃止するなどの対応がとられた。海軍についても元老の松方正義が、軍縮の適任者に財部彪（海軍次官の経歴をもつ海軍大将）をあげている。両軍の間で軍縮の気運が高まっている様子が窺えよう。

国勢院の廃止

加藤友三郎内閣のもとでは、政友会の政務調査会行政整理委員会が、国勢院の廃止に加え、すべての内閣直属部局と新設の造営局・購買局を統轄する省の設置を提案している。しかし内閣は、国勢院の廃止や法制局の定員削減などにとどめた（若月、二〇一四）。国勢院の廃止は、国家総動員への認識が当時はあまり深くなかったことや、各省間の不調和が原因であった（防衛庁防衛研修所戦史部、一九七九、小川原、二〇一〇）。

一九二二（大正一一）年一一月一日に国勢院は廃止され、前掲の「軍需工業動員法施行ニ関スル事項ノ統轄ニ付テノ内閣総理大臣ノ職権ノ件」も廃止された。軍需工業動員が各官庁の分業となったことに陸軍は反対し、一九二四年には国勢院のような中央統制機関が必要と主張したが、内閣は不経済かつ不統一との理由ではねのけようとしている（中野目・日向・長谷川、二〇一四）。

一九二三年一二月一日の閣議では、各省にわたる局課の統合と人員整理が決定されている（『神戸又新日報』一九三一年四月二八日付）。翌年三月一四日には、政友会の横田千之助が次期内閣をみすえて、行財政整理を含む一層顕著な大政策を準備すべきと声をあげた。

国防問題に絡む行政機関の設置構想をあげれば、一九二五年二月、加藤高明内閣下の第五〇回帝国議会の衆議院本会議で、在郷軍人議員の蟻川五郎作が国防会議設置の建議案を提出している。貴族院でも、国家総動員にむけた調整や統制が要求された（小川原、二〇一〇）。三月には、衆議院議長の粕《かす》谷《や》義三《ぎぞう》から「防務委員会設置ニ関スル建議」（一九二五年三月二三日）がなされ、国家総動員体制の構築にむけた調査を求める動きもあった。

おなじころには、陸軍省軍務局軍事課の永田《ながた》鉄山《てつざん》が「国防院」案を検討している。平時の国家総動員中央統制事務機関として大臣級の人物を長官とし、国民動員や産業動員などを扱う職員には、文官や陸海軍人を据えるという構想であった（川田、二〇一一）。国防に関する数多くの機関設置の動きが、一定の期間内に集中してあらわれている様子がわかる。

一九二五年九月一二日、加藤高明内閣と軍が総動員機関準備委員会の設置を申し合わせ、第一次若槻礼次郎内閣期の翌年四月に「国家総動員機関設置準備委員会ニ関スル件」が閣議決定された。法制局長官が委員長、内閣統計局長や各省の局長が委員となり、内閣官房、法制局、各省の高等官なども参加したが、議論は難航した（防衛庁防衛研修所戦史部、一九七九、下重、二〇一四・三）。

それでも田中義一内閣期の一九二七年五月二七日に、国策統合機関として資源局が誕生したことで、これまで構想段階で終わっていた機関の設置が実を結ぶことになった。資源局は首相の管理に属し、総動員を支える人的・物的資源の統制運用計画の設定と遂行、およびその調査や施設に関する事務を統轄するとされている。軍需の充足を総動員の一環とみなした結果、資源局の性格は軍需局よりも大きく成長した（防衛庁防衛研修所戦史部、一九七九）。

陸軍は〝資源〟をもとに各省の権限を調整しようと考えていた（下重、二〇一四・三）。実際、軍が行政の管轄領域に進出することで、国務と統帥を一致させた総動員体制の実現が目指されていく（小川原、二〇一〇）。総力戦体制の構築のための中央機関として、首相を総裁とする資源審議会も発足した（中野目・日向・長谷川、二〇一四）。

5 海相事務管理と軍部大臣文官制

原敬首相の海相事務管理就任

第一次世界大戦を経て、総力戦体制の構築には内閣と軍の協力が必要という認識は広く享受されたものの、両者が牽制しあう場面もみられた。大戦前には軍部大臣現役武官制が要因となって内閣が瓦解しており、陸海相を内閣が統制できる環境づくりに注目が集まっていく。そのために、軍部大臣現役武官制の改正はさけて通れない改革であった。またこの改正は軍部大臣文官制の可能性を開くものでもあり、実現すれば軍の統制に弾みがつく。

文官制の可否については、明治期に伊藤博文が検討していた。彼は欧州で文武官とも軍部大臣に就任できることに言及しつつも、帝国議会や政党から兵権を分離させるため、大臣は武官がよいと結論づけている。政治問題が軍部へ波及するのをさける意味もあった。

原敬内閣では一九二一（大正一〇）年八月二四日、原が加藤友三郎海相にワシントン海軍軍縮会議の全権を打診し、翌日には加藤が不在の間、海相を兼任したいと申し出た（手嶋、二〇一五・四）。法制局では官制上は文官でも事務管理に就任でき、軍令に対する副署も差し支えないとしている。海軍省も同様の理解であった。

加藤海相は当初、井出謙治《いでけんじ》海軍次官を軍政の中心に置き、かつ海軍予算の削減に歯止めをかけようと目論んでいた。もし文官を事務管理にするならば、職務範囲を軍政事項に限定し、人事権や純軍事的事項と区別することを求めた（小池、一九八八・五）。なお海軍省では、①臨時代理に無任所相が就任できるか、②海相の臨時代理に陸相が就任できるか、に対する見解もまとめており、いずれも不可と結論づけている。

最終的に、原と加藤の利害が一致した。事務管理の就任条件は、㋐軍縮会議の間に限定する、㋑純軍政事項のみを管理し帷幄上奏などにはふれない、ウ軍縮後の海軍予算は原が援護する、である。海軍側の利点は陸相による事務管理を排除できること、また内閣側の利点は文官の事務管理が文官制につながると批判する陸軍を押さえられる点にあった（同前）。陸軍は反対したが、田中義一前陸相の斡旋により合意をみた（手嶋、二〇一五・四）。この前例が陸相の場合には適用されないとしたことも大きかった。

以上の経過をへて、原は文官ながら海相の事務管理に就任した。ただ、軍政事項と軍令事項の明確な区分が困難である限り、将来にも同様の問題が発生する可能性を残すこととなった。

原の暗殺後は内田康哉外相が、また高橋是清内閣の発足とともに高橋首相が海相事務管理をつとめた。この段階でもやはり加藤海相は、文官大臣は差し支えないと発言している（小池、一九八八・五）。ワシントン会議中に軍令部の強硬姿勢に悩まされた加藤は、文官海相のもとで軍政と軍令を一元化する必要性を抱いており、彼の容認によって文官大臣への制度改正が求められるようになった（手嶋、二〇一五）。

しかしそうなると、政党人が軍部大臣に就任する可能性が高まり、軍隊が党派性に左右される不安定な存在になる（纐纈、二〇〇五）。一方、海軍側は帝国議会の運用に有利とみていた。海相が政党出身の文官で、海相の属する政党が衆議院で多数党の場合、その大臣が提出した予算案は円滑な審議が期待できるからである（手嶋、二〇一五・四）。

新聞紙上でも文官制は注目を集めており、『東京朝日新聞』（一九二二年二月一一日付三面）は朝鮮総《ちょうせんそう》督府《とくふ》や台湾《たいわん》総督府といった植民地統治機関の長官に文官をあてるという問題と合わせて、軍部大臣の任用資格の撤廃が議論されてきたことにふれている。政友会の総務委員をつとめた大岡育造が軍部大臣による帷幄上奏の弊害に論及していることも紹介された。『東京日日新聞』（一九二二年二月二一日付二面）は、海相事務管理を海軍側の文官大臣容認の布石ととらえ、海軍軍令部長を海相の下に属させる検討が行われていると伝えた。

『東京朝日新聞』（一九二二年三月二四日付夕刊）は、一九二二年三月二三日の第四五回帝国議会衆議院の「陸軍ノ整理縮少〔小〕ニ関スル建議案外一件委員会」で、陸海相の文官問題などが論議されたことにふれる。政友会の山本悌二郎による建議案は、任用資格制限の撤廃を希望するものであった。台湾総督の田健治郎は、四月二二日に高橋首相を訪問し、文官陸相の実現を訴える建議によって内閣と衆議院の協調関係が保持できるかを投げかけている。

また海軍の軍政機関側の官僚は、統帥権の独立に手をくわえてまで、文官制を実現しようとは思っていなかった（手嶋、二〇一五・四）。海軍軍令部は文官では武官の職務代行は無理と判断しており、海軍省側も代行は不可能と考えるようになっていく（手嶋、二〇一五）。

軍部大臣文官制論議の深まり

ただ加藤友三郎内閣でも加藤首相は、文官制の論議を継続していく意思をみせた。一九二三（大正一二）年二月二三日の第四六回帝国議会貴族院予算委員会では、軍部大臣が武官であることを要しない旨の答弁をしている（北岡、二〇一二）。

一方で『東京朝日新聞』（一九二二年六月二一日付二面）には陸軍の重要人物の談話として、文官制への否定的な見解が紹介された。①文官が国防を担うのが適切かという疑問、②国務大臣には統帥事項に対する責任がない点、③外国の事例、などから、国務・統帥両事項に混乱を来すというのである。軍の組織に政党勢力が進出することへの危惧も指摘された。

加藤は自身が兼任していた海相をしりぞき、財部彪を就任させたが、これは海相権限の強化と文官制の導入による円滑な帝国議会対策を加藤が諦めたことを意味する（手嶋、二〇一五・四）。上原勇作の見立てによれば、加藤と財部の関係は良好とはいえず、財部は海軍のためにやむを得ず入閣したということであった。

しかし、文官大臣の可能性が全くなくなったわけではない。たとえば前任大臣とは異なり後継内閣が積極政策をとる場合、後継内閣と軍の間で政策不一致が起こる。そうなると、軍部や帝国議会との確執が生まれ、文官制の実現に進む可能性が出てくるのである。その危険性を回避しようと上原は、前任大臣による陸相の指名制を否定した（山口、二〇一三）。

一九二四年六月に加藤高明内閣が誕生した際に与党側は、三派の統一案として六個師団の削減と軍部大臣武官制の廃止を掲げている。政務官の導入に対しては、枢密顧問官の平沼騏一郎《ひらぬまきいちろう》が文官制への発展を危惧し、軍機軍令に関わらせないことを念押しした（奈良岡、二〇〇六）。

加藤内閣は翌年五月、首相の監督下で行政調査会を設置し、文官任用令の改正による人材登用や各省局課の統合整理とともに、軍部大臣任用制の改正を改革目標に選定している。行政調査会の設置前には、文官制問題を同会に付議させることにも成功した。（同前）。一方で、野党政友会の田中義一総裁も文官制などの内政改革を考えていき、六月二〇日の政友会院外団臨時大会の「一般決議」も文官制は急務と訴えていた（雨宮、一九九七、筒井、二〇一二）。

帝国議会や世論による軍部批判をうけて、陸軍省も文官制を受け入れる姿勢をみせており、一九二五年四月時点で組織改革を本格的に研究している。文官の陸相でも軍令事項が統制可能なことを主張する目的があった。陸軍省軍務局軍事課に所属する永田鉄山も、武官に限らない人材登用という政党の意見に理解を示していた（森、二〇〇八）。

ただ、参謀本部の編制動員課では、小磯国昭課長が文官制に反対する意見書を提出しており（同前）、鈴木重康も文官制の可否を緻密に研究している。鈴木はまず、①首相には閣僚を選択する自由がある、②武官制の支える帷幄上奏が〝二重政府〟の原因となり、政府の管轄領域を侵害している、③首相が海相事務管理をつとめた前例がある、という文官制の容認論を紹介する。それに対して、文官制を採用する積極的な理由がない限り、制度改正は控えるべきとの意見を掲げた。陸海相は行政処理能力を備えているだけではいけないこと、また軍閥の横暴は制度上の欠陥ではないことを根拠に据えている。

文官制に対する軍の反応

陸軍省軍務局軍事課の検討史料（一九二五〈大正一四〉年四月）では、統帥事項は一般政務とは関係がないとする反面、国務事項に大きな影響を及ぼす行動は控えるべきともしている。軍政機関と軍令機関の併存のために、軍政機関側が軍令機関に対して配慮を求めるのは、理にかなった行動といえる。

同種の研究では、軍部大臣の任用資格制限を撤廃するには現制度の変革が必要であり、軍政と軍令の調和を円滑にしている現状からも、軍部大臣は武官に限定すべきと主張する。

その一方で、文官制の利点も列記する。①各省大臣との協調がとりやすく、軍部の計画と大臣が所属する政党の政綱が一致したとき、施策が遂行しやすい、②軍部と国民が連携しやすい、③軍部の専恣（わがまま）を抑制できる、という点である。しかし政党出身の大臣では軍部内に政党色が入り込み、軍の団結が破綻するとの欠点も強調した。最後に任用資格制限の撤廃にともなう制度改変案として、〝高級軍人による高等軍事会議の新設〟〝高級軍人への軍務の実権の付与〟〝高級軍人の人事を行う会議の設置〟を示しているが、これは制限を撤廃したあとでも軍の既得権益を保持しつづけようとするものであった。

参謀本部第一課長の私案（一九二五年五月二〇日）もみておきたい。このなかでは第一課長が、武官制は古来の制度・国情・歴史からみて適当な制度であり、政治面でも理にかなっていると指摘する。武官でないと軍令・軍政の連結機関としての任務は遂行できないともつけくわえた。さらに所々には、別の者と思われるコメントが付されている。文官制が有益でないことを説き伏せるため、言葉たらずの部分に手を入れる厳しい姿勢が窺えよう。

さらに陸軍は「甲秘　軍部大臣文官論に就て　第二稿」（「甲秘」）という資料も準備した。最初に、軍部大臣は統帥との関係も有するため、武官がつとめるのは当然と述べる。そのうえで、武官のみが軍部大臣を担えるなら、ほかの国務大臣の就任基準も同様にすべきではないかとの意見を持ち出し、

〝軍務の特殊性、統帥に対する理解の必要性、政党勢力の軍への浸透が軍の秩序を崩壊させる〟ことをあげて否定する。

「乙秘　軍部大臣文官論の否認に就て」でも、文官制論者のさまざまな意見を想定している。たとえば、国務・統帥両事項に関わる案件を恣意的に統帥事項とみなし、軍部大臣に帷幄上奏制などを認めることはできないとしている。帷幄上奏制が軍部の専断を招いているともする。文官制については、憲政運用上と軍事上の要求を調和させる最もよい制度と評価した。「甲秘」を補完する目的で、文官制論者の指摘を徹底的に洗い出したものであろう。

法学者の蜷川新《にながわあらた》は、農林省は農業の技師のみの仕事ではなく、農林政策の知識をもった人物を必要とするなどの例を示し、軍務も軍備・軍政・作戦などの高等知識だけでなく、技術的な知識も必要と主張した。軍部大臣も他大臣と同じく、専門分野に対して広い視野を備える必要があるとの論理から軍務の特殊性を導き出している。「軍部大臣の選択範囲」（一九二五年七月二日）でも、第一次世界大戦後は軍備の専門性が分化しているため、軍事の専門家である軍人を選ぶべきと主張する。

政党出身の大臣と軍務の関係について蜷川は、軍務を政争の外に置くのが国家のためになるとしている。政党内閣制は党派間の対立関係を生み出すゆえ、政党員を軍部大臣にした場合、この争いはさけられないという危機感が伝わってこよう。

新聞記事を抜粋するかたちで作成された「軍部大臣制限撤廃論要旨」（一九二五年七月七日）では、海軍内部の文官制容認論と、そのために必要な制度改革に触れている。資格制限撤廃のためには、防務会議を設けて国防方針を決定することが必要との意見もあげられた。制限撤廃の理由には、予算分野や外交分野などの国務事項と関連性を有する点も指摘されている。政党内閣と武官制は両立しないとのみかたもあった。一方で「軍部大臣武官制論ノ要旨」では、武官制論者の根拠を軍隊が政党化されることと、機密漏洩への懸念にあるとする。

以上で目を引くのは、国防を論じるという目的を果たせなかった防務会議を再設置し、政戦両略の一致を担わせようとしている点である。大臣の任用資格という局所的な視点ではなく、機関を通じた安定的な国務・統帥の協力関係を模索する、生産的な提案と受け取ることができる。

文官制論議の帰結

一九二五(大正一四)年一月二八日、加藤高明内閣下の第五〇回帝国議会貴族院本会議で、交友倶楽部の花井卓蔵《はないたくぞう》が、陸海相も憲法第一一条に掲げられている統帥権及び軍令に関与するのか否か確認を行っている。対して財部彪海相は、軍令といえども軍政に関連する事項は陸海相も関与すると答弁した。花井の質問は、沈静化していた軍部大臣文官制論議を再燃させかねないものであったが、その後財部が文官制を否定したため問題にはならなかった(小池、一九八九・六)。

ただ三月、国務大臣の輔弼責任と統帥権の関係や文官の軍部大臣兼任の可否を花井から尋ねられたことを受けて、加藤内閣は政府見解を閣議決定している。文官の兼任については、事務管理という場合なら可能とした。原敬内閣期の海相事務管理を、ほかの場面でも適用できると判断したのである。

他方、軍部大臣文官制の適否には言及しなかった。

また加藤首相は八月三日、研究会（貴族院の会派の一つ）に所属する志水小一郎《しみずこいちろう》が文官大臣制の導入意思を質問した際に、政党員も国民ゆえ、適任者がいれば文官の軍部大臣として任用することもあると返答している（『大朝』一九二五年二月三日付夕刊）。先の閣議決定では事務管理という限定つきであったが、ここでは文官大臣も完全には否定しないという態度をみせた。ところが第一次若槻礼次郎内閣にかわると、若槻は宇垣一成陸相に対して文官制に触れないと伝えている。政党には文官制の出現を否定しないと説明するにとどまった（奈良岡、二〇〇六）。

他方で陸軍省は、一九二六年四月に「陸軍大臣文官制ニ関スル研究」をまとめている。このなかでは、国務と統帥の混成事項に対する陸海相の関与は、大臣が武官・文官を問わず当然認められるとしている。新たな提案として注目すべきは、軍部大臣の任用資格を撤廃する場合、陸軍次官を現役陸軍中（少）将にすべきとしている点であろう。現役軍人でないと、業務の遂行が困難というのが理由であった。事務担当の次官として練達の者を任用することも加えている。

統帥権独立の保持に必要な制度の改変策としては、①軍政・軍令両機関の調停機関、②文官大臣が混成事項を誤りなく処理するための機関、③最高顧問として最高級の武官、の各設置案が検討されている。陸軍省は、穏健かつ国情に適しているのは②と考え、その場合は陸相の権限を極力挟め陸軍次官に委ねるとした。

ただ宇垣陸相は軍部大臣文官制の導入には動かず、財部海相も文官制否定論者だったため、陸軍省の研究が生かされることはなかった（森、二〇〇八）。しかし田中義一内閣下でも、田中が法制局長官の前田米蔵に文官制の検討を指示した節がみられる（筒井、二〇一二）。一九三〇年代に入っても、浜口雄幸内閣で軍部大臣の代理問題と関連づけられながら文官制の実現が模索されていく。軍政に対する政党員の関与が内閣の基盤強化にむすびつくという点から、ほぼ政党内閣期を覆いつくす息の長い議論になっていった。

四　政党内閣から挙国一致内閣へ

1　第一次世界大戦後の行政運営

政務次官と参与官の設置

軍部大臣文官制の導入論議が手詰まりになっていた一九二〇年代半ば、内閣は自身の基盤を強化するため、効率的な行政運営も追求していた。このころは元老の多くが政治の表舞台から退場し、政党が政治統合の中心となっていった時期である。

第一次世界大戦のもたらした総力戦体制の構築には、内閣と軍の連携が鍵となる。平時においては、政治主導の国家総動員準備が内閣の基盤強化の鍵となっていた。政治主導を実現するには、官僚政治の是正も当然求められる。

一九二四（大正一三）年五月一〇日の総選挙で護憲三派（政友会、憲政会、革新倶楽部）が勝利をおさめたことにより、加藤高明内閣が発足した。加藤内閣の組閣では激しい猟官運動が展開されたが、加藤の指導力によって高い行政手腕をもつ者が大臣や次官に就任している。農商務省と鉄道省以外の次官は非政党人の官僚出身者が任用された（若月、二〇一四）。

一方で、六月に政務次官及び参与官という政務担当職の設置が閣議決定された。その後、官制が固まり、枢密院での審議が開始されていく。八月一日の第一回審査委員会では、加藤首相が設置の必要性を説明し、法制局長官の塚本清治が補足に回った。

枢密顧問官からの質問は、①政務と事務の境界はどう引くのか、②事務官は政務に携われないのか、③次官以下の永続性を認める必要はないか、④政務官を設置すれば、事務担当の次官の職務権限は縮小されるのか、⑤陸海相の文官制問題との関連はあるのか、⑥陸海軍省の政務官が軍機軍令に関与できない理由は何か、という多岐にわたるものであった。①〜④については、これらの点が曖昧だと省務が遅滞してしまうという懸念があるのだろう。⑤と⑥は、軍部大臣文官制が導入された場合の政務官との連携の仕方を探る目的と推察される。既存の役職との業務区分や、政党人が軍務の一部を担うことへの可能性が顧問官の関心事であった。結局、枢密院の審査は通過し、八月一二日に官制が制定され、人選へと進んでいく。

加藤高明

政務次官と参与官は各省に一人ずつ配置された。政務次官は「大臣ヲ佐ケ政務ニ参画シ帝国議会トノ交渉事項ヲ掌理ス」ること、参与官は「大臣ノ命ヲ承ケ帝国議会トノ交渉事項其ノ他ノ政務ニ参与ス」ることが役割である。政府委員の可及的な減員と政務改善への期待がその背景にあった（『神戸又新日報』一九三一年四月二八日付）。官制の表記順で政務次官を事務の次官の上位に配置したのは、第二次大隈重信内閣期の参政官・副参政官や、それを廃止し各省に一人ずつ設置した自由任用の勅任参事官が力を発揮できなかった反省をふまえての措置である（奈良岡、二〇〇六）。

政友会系の貴族院議員である馬場鍈一は、第二次大隈内閣期と同様に、政務次官に対して政府・与党間の連絡調整を期待した。しかし、政務次官が政策決定に関与するのは難しく、憲政会の単独与党となっていた加藤内閣では貴族院の近衛文麿と接触することで、政務官を研究会との提携に利用しようとしている。政友本党（一九二四年に政友会を脱退した床次竹二郎らで結成）との提携の契機にもしようとした（同前）。ただ、こうした政務官の政治利用に対し近衛は、内閣への政務官の派遣は賛成しながらも、憲政会と政友本党の提携は別問題だと釘をさした。

その後、田中義一内閣が発足する直前の一九二七（昭和二）年四月一九日に、小泉策太郎《こいずみさくたろう》、鳩山一郎、森恪《もりつとむ》、内田信也《うちだのぶや》らが政務官の人選を検討している。閣僚候補者に関東出身者がおらず党内から不満が出たため、政務官人事で調整することになった（雨宮、一九九七）。浜口雄幸内閣では、一九二九年七月五日に政務官人事を決定したが、任命されなかった者の醜態に浜口は嫌悪感をあらわにしている。一九三二年五月発足の斎藤実内閣でも、政友会と立憲民政党（以下、単に民政党）の間で政務官争奪戦が展開され、海軍軍令部長などを歴任した加藤寛治は「醜を曝露す」と冷ややかな目でながめている。政務官を介した帝国議会側の政治参画には、各党各派の均衡が常に意識され、円滑な行政運営はおろか、政権基盤を動揺させることになった。

加藤高明内閣期以降の行政整理

一方で行財政整理は、加藤高明内閣が一九二四（大正一三）年七月一一日に断行を声明し、人員二万人、総額二億五六〇〇万円におよぶ整理を進めていく（若月、二〇一四）。法制局長官に就任した元内務次官の塚本清治は高い事務処理能力が買われた（奈良岡、二〇〇六）。

七月二九日には行政財政整理委員会が設置され、浜口雄幸蔵相・江木翼内閣書記官長・塚本法制局長官が委員に、大蔵省の政務次官・大蔵省の局長と課長・内閣書記官・法制局参事官が補助委員に就任した。浜口が財政整理案を、江木と塚本が行政整理案を担当している。委員会では憲政会出身の閣僚が立案過程を取りしきることで、政友会や各省の発言権を封じ込めようとした（同前）。

この時期、江木は浜口に行政整理の予定を示している。それは第一期から第三期にわけて進める緻密な計画であった。第一期を例にとると、①一九二四年一〇月二〇日までに官制案などを閣議に提出し法制局へ回付、②二五日までに法制局の審議終了、③三〇日までに閣議決定のうえ上奏し枢密院へ諮詢を仰ぐとされている。

さらに江木は、「行政整理実施に関する閣議決定」が行われたことにともない、一一月一日付で人員整理の具体策を通牒している。その内容は、㋐整理期間内（第一期は一九二四年一一月一〇〜二四日、第二期は一二月一〜一四日、第三期は翌年三月一五〜三一日）になるべく退官・退職を願い出させる、㋑整理実施期日をもって自然退官となる場合を除き、願い出がないときは、定員過剰や官庁事務の都合により休職を命じることができる、というものであった。陸海軍人の整理も他省庁と区別していない。

一九二四年一一月二一日の枢密院第三回審査委員会では、枢密顧問官の平沼騏一郎が各省参事官の廃止や各種委員会の存廃について質問し、塚本が答弁にまわった。翌日の第四回審査委員会では、海軍の整理計画なども審議された。各種委員会の存廃は、外交調査会や防務会議などを廃止した加藤友三郎内閣期の取り組みの延長線上に位置づけられるものといえる。また軍縮は、ヴェルサイユ・ワシントン体制（大戦後に形成された欧州およびアジア・太平洋地域を対象とする国際秩序）を反映したものといえ、陸軍では翌年、宇垣一成陸相による「宇垣軍縮」（四個師団を廃止し、その分を近代装備にまわすなどの内容）が行われていく。

その後、加藤高明内閣は、一九二四年一二月二〇日に内閣書記官室を内閣官房へと改組している。清浦奎吾内閣の政務局構想のように政治指導の強化を狙うものではないが、政務調整機能を与えることで行政整理への指導力を充実させるのに一役買った（清水、二〇一〇、筒井、二〇一二、下重、二〇一四・三）。恩給局・拓殖局・統計局・印刷局を配することも明確にし、内閣および首相の補佐機構は強化しようとしていった（奈良岡、二〇〇六）。

翌年五月二日には行政調査会が設置され、国務大臣と各省の政務次官および事務担当の次官が委員に就任している。実質的な議論は内閣を中心に各省の幹事が担い、内閣・官僚・与党による調整重視の政策決定が目ざされた。一方、内閣機能強化を念頭においた調査局の設置を内閣側が提案したことは（下重、二〇一四・三）、内閣と各省の権限をめぐる闘争を激化させかねないものでもあった。

田中義一内閣になると、行政制度審議会が新設された。権限闘争が横行した反省から首相が会長をつとめ、委員を完全に政府・与党関係者とした。田中は審議会の運営で指導力を発揮しつつ、閣僚の事務能力の低下に備えるため、政策統一機関として、国務大臣を総裁とする内閣政務局の設置案も検討の遡上にのせている（清水、二〇一〇）。

国策調査会の設立にむけても動き出した。現職の五大臣のほか、後藤新平・平沼騏一郎・伊東巳代治・浜口の参加が予定され、委員には国務大臣の礼遇を与えるというものであり、外交調査会と類似した権威づけを想定している（増田、一九九九）。軍に対しては、一九二九（昭和四）年度の予算編成にあたり、陸軍予算の削減を進めた。参謀本部は国防充備費の繰り延べに反対したが、陸相の説得によって妥協が成立した。

国務・統帥両事項の切り分け

内閣による軍への影響力行使については、度重なる戦争や軍部大臣文官制などの論議をへて、確実に意識が高まっていった。ただ軍事は軍政事項と軍令事項に大別され、純粋な軍令事項もあれば混成事項もあり、その区分は曖昧である。

一九二〇（大正九）年一〇月、高橋是清蔵相は参謀本部廃止の意見書を提出する動きをみせた（戸部、一九九八）。原敬首相は参謀本部改革論を打ち出しており、その目的は、政治・軍事を政府に集中させるうえで障害となる統帥権独立制の否定であった。参謀本部は譲歩し、シベリア撤兵に一定程度成果をあげている（雨宮、一九九七）。

参謀本部も手をこまぬいていたわけではなく、大本営編制の改正を研究し、一九二六年六月に成案を得ている。しかし大本営と内閣の上位に戦争指導を担う最高機関を設置しようとするものだったため、陸軍省が反発した（森松、二〇一三）。また加藤友三郎内閣で財部彪が海相に就任すると、一九二二年五月二三日に加藤寛治海軍軍令部次長が海軍軍令部の強化案を提示している。海軍省は否決した。一九二四年一月成立の清浦奎吾《きようらけいご》内閣では軍政委員会が、軍務局と政務局の上に海軍軍事長官を新設して海軍軍令部長が兼務する案を検討している。海相の下に海軍軍令部長を位置づけるこの案は、海軍軍令部の反対で実現しなかった（森、二〇〇八、手嶋、二〇一五・四）。陸軍では前参謀総長の上原勇作が、参謀本部の機能を陸軍省の下に置くことに否定的であり、前陸相の田中義一はその逆であった。陸海軍ともに、軍政機関と軍令機関の主導権争いが激しい様子が伝わってこよう。

おなじ時期には『東京朝日新聞』（一九二四年八月二三日付夕刊）が、陸海軍の首脳・政党の領袖・民間の人材を網羅する国防会議を設置することが国防方針を立て直す好機になると提言している。かつての防務会議が外交・軍事・財政の調節をはかるという初期の目的を実現できなかったため、国防会議に政戦両略の一致を期待しているのだと思われる（『読売』一九二〇年一月二〇日三面）。

加藤高明内閣では、一九二五年四月に陸軍省が、軍政・軍令の混成事項を文官大臣が処理し、統帥権独立の保持も可能にするための合議機関を研究している。首相の副署も必須とした。他方、海軍では財部海相が軍政優位の保持を公言していたものの、海軍軍令部を海軍省へ統合するだけの断行力は就任直後の彼にはなく（森、二〇〇八）、依然、政戦両略の一致は先が見通せない状況であった。

田中内閣にかわると、政戦両略の一致が試される場面が出現した。中国の蔣介石《しょうかいせき》率いる国民革命軍の北伐である。彼らの進軍が日本の権益である満洲に至るのを阻止しようと、一九二七（昭和二）年五月二四日に首相兼外相の田中が陸海相と会談し、そのうえで外務省アジア局長や陸海軍省の軍務局長と山東省への派兵について意思統一がはかられた。二七日には、陸軍の対中出兵案が閣議で了承されている。高橋蔵相が反対したものの、翌日には山東出兵の声明が出されることになった。三次にわたる山東出兵ののち、九月八日に完了した第一次出兵時の撤兵も、政治と軍事が一体となって行われた（纐纈、二〇〇五、川口、二〇一七）。

ただし山東出兵と撤兵を、参謀本部所属だった畑俊六は批判している。彼は、森恪外務政務次官らの策謀によって政権を握った以上、中国への強硬姿勢をとらざるを得ず、山東出兵もその一つであるとか、こそこそと山東から撤兵したという表現で、釈然としない気持ちを吐露する。関東軍が中国軍の武装解除を行うため一九二八年六月二〇日に主力を奉天に集め、奉勅命令ののちに出動する予定であるのにもかかわらず、一日まで政府が明確な意思を示さなかったというのも、政戦両略の一致のぎこちなさを示す例といえよう。

なお国論の一致については、対中問題の議論の場として、外交調査会のような機関を設けるという噂が浮上していた。一九二八年八月三日に田中首相が民政党総裁の浜口雄幸を訪問し、賛同と参加を要請している。国政調査会を設け、朝野の重鎮や反対党の首領などを参加させようという意向が田中にはあった。ただ浜口は賛同しなかった。機関の設置が責任の帰属を紛更（むやみに変更）するものであり、外交調査会の評価がよくなかったという事情が影響を与えたと考えられる。

2　軍部大臣文官制問題の再燃

陸相代理と海相事務管理

不首尾な面が多々あった山東出兵をきっかけとして軍部批判が起った。それは軍部大臣武官制の批判へとつながり、政友会内では文官制導入の議論が行われている（小林、二〇二〇）。一九三〇年代初頭に文官制の議論のきっかけをつくったのが財部彪海相のロンドン海軍軍縮会議への参加であり、それにともなう浜口雄幸首相の海相事務管理への就任であった。

ただ今回は海軍だけではなく、病気の宇垣一成陸相に代わって、浜口が陸相事務管理への就任を要求している。しかし陸軍は強硬に反対し、阿部信行《あべのぶゆき》陸軍次官を国務大臣待遇で就任させることにした（手嶋、二〇一五・四）。

以前から阿部は閣議で説明するなど、宇垣の代役を担っていた。一九三〇（昭和五）年六月一四日に宇垣が辞意を表明した際、江木翼鉄相は、阿部を事務管理または臨時代理に据えることを約束し、留任を求めている。宇垣は最終的に首相に一任し、浜口が阿部の事務管理起用を決めた。

しかし国務大臣は親任官であり、勅任官の就任例がないため、江木らは法規上の研究を行っている。元老西園寺公望は、法規に触れない程度ならやむを得ないと判断していた。その結果、阿部の陸軍次官を依願免官とし、陸軍中将として特に現役に列するようにした。そのうえで、内閣官制第一〇条にもとづき国務大臣として内閣員に列することと、第九条にもとづき陸軍中将の肩書で陸相臨時代理にすることに決したのである。文官陸相は明確に否定されたのだった。

一方、ロンドン海軍軍縮会議への参加にあたり、若槻礼次郎元首相が全権を内諾し、財部海相も派遣されることになったため、その間、浜口が海相事務管理に就任している。浜口は軍縮会議の経過や、全権団への回訓の発送にまつわる研究内容を伏見宮博恭に報告するなど、職務を遂行していった。回訓の決定過程では、指導力を発揮した。

浜口雄幸

浜口の海相事務管理就任は、前例もあることなので、比較的順調に実現した。ただその職責をめぐっては、見解の相違が生じている。浜口は海相事務管理の権限は法律上、海相の権限の全部に及ぶが、実際には統帥事項は扱わないと理解していた。しかし参謀本部の片岡董《かたおかただす》は、全部に及ぶのではなく、国務大臣および行政長官としての人格に及ぶにすぎないと反発し、統帥輔弼機関としての人格は武官に依拠しないと駄目としたのである。また、法律上扱うべき事項を浜口が扱わなかったとしたら、それは輔弼責任の怠慢であるともしている。

さらに片岡の論は陸相の事務管理にまでおよび、陸軍省官制と「軍令ニ関スル件」を改めない限り、事務管理を認めるべきではないとも主張した。文官大臣の可能性が一九二〇年代から摘み取られていないことに危機感を抱いている様子が窺えよう。結局、浜口の海相事務管理は、一九三〇年五月一九日に財部全権の帰国によって解除となり、それに伴って代理問題も終息した。

浜口の指導力を考える際、海軍に影響を及ぼすことができる機会が、制度的には海相事務管理以外になかった（『浜口雄幸日記　随感録』収録の黒沢の解題）。同時に、海相事務管理問題は軍の行動を軍自身がみつめ直すきっかけとなり、かつ軍部大臣文官制の議論を誘発させる存在にもなっていった。

ロンドン海軍軍縮条約と政軍関係

軍部大臣の事務管理も文官制も、導入の鍵となるのは軍政事項と軍令事項の区分である。ロンドン海軍軍縮条約の締結で問題になったのは、兵力量の決定を軍政・軍令両機関のいずれが担うかであった。

軍縮会議に臨むにあたり、海軍は当初、補助艦の総括比率を対米七割などとする原則を掲げていたが、一九三〇（昭和五）年三月一五日に若槻礼次郎全権から、それらをやや下回る案での妥協を望む請訓が日本へ届く（畑野、二〇一五）。これに対して加藤寛治海軍軍令部長は、二七日に岡田啓介（前海相で軍事参議官）を帯同して浜口雄幸首相に反対を訴えた。加藤は、四月一日にも浜口が全権への回訓案を提示した際、海軍軍令部としては賛成できないと反発している。ところが同日中に全権へ打電されてしまったため、翌日に帷幄上奏を行った。

以前に海相と海軍軍令部長の間で作成された覚書では、海軍兵力量の決定には両者の意見一致があるべきとされていたようである。それに対して浜口は、軍の意見を参酌して政府が決定するものと理解している（『大毎』一九三三年一月二八日付）。五月一三日の第五八回帝国議会貴族院本会議でも彼は、軍の意見を聴取したうえで政府が責任をもって決定したと述べ、両者の意見が一致していたかは明言していない。また九月三日の枢密院では、政府が決定した以上、海軍軍令部が他の方法で国防の安全を保持する覚悟を示したことを確認したため回訓を発したと述べている。加藤は意見一致は絶対にないとしたものの、海軍の重鎮である斎藤実（当時は朝鮮総督）は、政府と海軍軍令部の協議自体が重要であると政府を擁護した。

兵力量の決定権が軍政・軍令いずれの機関にあるのかは、両機関の権力関係を左右する問題であるため、この問題をめぐって国務機関である陸海軍省と法制局は合同研究を行っている。

最初に、国務大臣の輔弼責任は統帥大権には及ばないことを確認している。もし統帥事項のなかに国務と関連する部分があれば責任が発生するともした。しかし、国防計画で国務・統帥両機関の考えが異なる場合は「其時ノ事情」とし、具体的な解決策は示していない。軍縮条約へ調印する際に内閣は統帥機関と相談したかという想定質問には、意見を聞き各国と協定したとの返答を用意している。

政戦両略の一致を効率的に行う機関がないことから、すべての責任を国務大臣に与えてはどうかとの問いも設定している。この答えとして、統帥事項が国務大臣の職責外というのは歴史的にも憲法解釈からも維持されているため、政戦両略の一致が不便という理由で権限の範囲を変更するのはいけないとの説明が準備された。

浜口内閣で野党政友会や右翼は、今回の軍縮条約の締結を〝統帥権の干犯〟と批判したが、陸海軍省では国務機関としての立場上、内閣の行動の正当性を探るとともに、統帥権独立制の存在意義をさらに明確化しておこうとの心構えを強くしたといえよう。統帥権独立制が脅かされることに対する軍の危機感は、軍務の区分けとその管轄先を理論立てて説明する取り組みとなってあらわれた。しかし兵力量の決定を混成事項と位置づける以上、国務・統帥両機関がその決定権を自身を管轄元に引き入れようと争うことは、容易に想像できることであった。

軍政と軍令の切り分けに関する論議

陸軍省は引き続き、自身が管轄元であることを証明しようと動いていく。軍務局軍事課は枢密院会議で政府が軍縮条約締結の追及を受けたときの防御策として、一九三〇（昭和五）年八月に想定問答集を準備した。

このなかでは、条約締結に際する兵力量の決定権が政府にある理由を問われた場合、海軍の軍政・軍令両機関の内部手続きをへて決定しているため、政府の責務として問題はないと答えている。兵力量に関係する上奏事項のなかで、首相に報告されないものがある理由を問われた際には、平時の場合、兵力量は国務事項と関連しているので、情報は内閣にも当然入ると説明している。

参謀本部では陸軍歩兵大佐の山脇正隆《やまわきまさたか》が一九三〇年七月に統帥権についてまとめている。山脇は平時に限り統帥権独立が解消される場合も考え得るという意見に対し、平時から戦時へ移行する過程でその考え方を適用するのは困難であるとした。統帥権独立を否定する法学者の中野登美雄《なかのとみお》の解釈を憲法第五五条の〝拡大解釈〟と評し、国家の存続を左右する戦時を考慮して対応すべきとの自説も披露する。

国務事項と統帥事項の切り分けは、かつて加藤寛治海軍軍令部長自身が「其限界甚不明」と語っていたように、単純なものではない。しかし軍部大臣文官制の導入論議とも密接にかかわることから、さけて通れない問題であった。たとえば一九三〇年四月二五日に海相事務管理の浜口雄幸首相が第五八回帝国議会衆議院本会議で、帝国議会に対し国防上の責任を政府が負うことや、ロンドン海軍軍縮条約によって国防が安全であることを述べた部分について、文官である浜口が議会に国防の責任を表明している点と、国防の安全を保証している点を「放言」と批判している。軍部大臣文官制に批判的な態度をとる加藤としては当然の反応である（村井、二〇一四）。

また片岡董は、同一人物に国務大臣と統帥輔弼機関という別人格を兼ねさせるというのが現在の制度である以上、陸相が武官であることを要すると主張する。混成事項に対しては同一人物が両人格を兼ねることに理解を示す反面、文官制は徹底的に批判した。

アジア・太平洋戦争の敗戦後に、旧陸軍省の系譜をもつ第一復員局がまとめた文書からも、軍部大臣武官制の必要性と、文官制に難色を示す記述が確認できる。武官制が必要な理由を、①陸相には国務外の軍事上の機務に対する輔弼責任があるので、統帥への理解が必須、②統帥機関の企画遂行への努力が必要、などとしている。武官制が内閣の存否に影響を及ぼしているという批判には、制度ではなく首相や陸相に就任する者の意思に原因があると説明する。他方、文官大臣の弊害は、陸軍が政争の具になり、軍人の政党入りを惹起する恐れもあることと、統率および団結に好ましくない影響を与える恐れがあることとする。

軍部大臣文官制の問題は、軍政・軍令両機関がそれぞれ理論武装を固め、つぎの第二次若槻礼次郎内閣でも検討されていった。しかし中国との戦闘行為が深まるなかで、次第に停滞していく（同前）。そればかりか、一九三六年に現役武官制が復活することとなった。

首相の代理に関する議論

軍部大臣の事務管理と類似するケースとして、首相の代理問題にも注目が集まった。

浜口雄幸首相が一九三〇（昭和五）年一一月一四日に東京駅で遭難すると、幣原喜重郎外相が代理をつとめることになった。浜口は、内閣官制第八条（首相に事故があるときはほかの国務大臣が代理をつとめることができる）によって幣原に勅命が下ったとしている。過去には、原敬が遭難した際に内田康哉外相が首相の臨時兼任をつとめた。加藤高明内閣期には若槻礼次郎内相が兼任しており、決して珍しいケースではない。浜口は幣原の代理継続が法律的にも政治的にも差し支えない行為だと考えていた。

法学者のなかでは佐々木惣一が新聞紙上で見解を述べている（『東朝』一九三一年一月二〇日付二面）。まず、幣原が首相と同じ民政党所属でないことについては、問題なしと結論づけた（翌日の新聞では「遺憾」と表現）。次に、代理と首相の職責は一致し、首相が行った行為でも代理が適当でないと判断すれば変更も可能とする。首相の職責内で行ったことは代理に責任は生じないとする一方で、首相が代理設置前に職責として行った行為が適当でない場合、首相代理に変更する職責があるともする。もし変更しないと、職責を誤ったという責任が生じるとも指摘している。

さらに佐々木は翌日の新聞で、幣原代理の判断で行ったことを浜口が復帰後に認めれば問題なしとしている。さらに、幣原が代理として行ったことに対して、復帰後の浜口には責任が生じないとの理解をとる。ただ、代理の行動を否定しておきながら、代替措置を講じない場合は責任が発生するとした。

美濃部達吉も同じ時期に持論を展開している（『東日』一九三一年一月一五、二六日付二面）。

彼は一月一五日に掲載された自身の論説を受けて、二六日には、①幣原はなぜ代理就任前の浜口首相の施政に責任をもたないといけないのか、②浜口は首相に復帰した後、幣原の施政に責任を負わないといけないのか、③幣原が代理中、浜口が政務に携わることは可能か、を想定される質問としてあげた。

そのうえで①については、内閣の連帯責任を根拠とし、閣僚全員に責任が発生するからであると述べる。また、代理を承諾した時点で、浜口の意思を継続させることを受け入れたと解釈する。②については浜口には幣原の行動に責任があるとし、もし責任がとれないなら、幣原の免官を上奏したうえで内閣改造すべきとする。③については、浜口が幣原と政務を行うことや、元老・政党幹部らと協議することは問題ないとした。

内閣官制上、首相はほかの国務大臣と同列であるが、内閣の首班でもある。浜口の復帰の可能性が高かったため、首相と首相代理の法的な関係、また首相代理の権限を明確にしておく必要性が生じたのだろう。政党内閣期に党外人が首相臨時代理をつとめることの適否を判断する狙いもあった。

実際に、幣原代理の発言をめぐる騒動も発生している。一九三一年二月三日の第五九回帝国議会衆議院予算委員会で彼は、ロンドン海軍軍縮条約が批准に至っていることを理由に、同条約は国防を危うくするものではないと述べた。これが、天皇に責任を押しつけるものと受け止められたのである。ただ、幣原が発言を撤回し、三月九日に浜口が復帰すると鎮静化していく。以後も浜口は幣原を代理的な存在と認識していたようであり、病状悪化のため四月一三日に辞表を提出した際には幣原に伝達を頼んでいる。

このように浜口内閣期では、陸相代理、海相事務管理、首相代理に関連する問題が立て続けに発生した。軍部大臣の権限をめぐる一連の議論によって、国務と統帥の切り分けに対する意識づけが一層強くなされ、内閣と軍の対抗意識を強める結果になったといえよう。

満洲事変以後の政戦両略

浜口雄幸内閣から第二次若槻礼次郎内閣にかわる一九三一（昭和六）年四月前後でも、国務事項と統帥事項の区分についての曖昧さが解決される気配はみられない。

たとえば片岡董は、陸相の特殊性は統帥輔弼機関という人格にあるというこれまでの持論を堅持している。その一方で六月一八日に開催された軍縮協議会に対して陸海軍は、参謀総長と海軍軍令部長が懇親的な会議に出るのは問題ないが、国務事項に属する政策問題にふれるべきではないと線引きしていた（『大毎』一九三一年六月二〇日付）。軍政・軍令両機関には互いにどの程度まで立ち入ってよいかという迷いがあったものと考えられる。

九月一八日の柳条湖事件に端を発する満洲事変時には、現地軍の行動に対して軍中央の意見が分かれた。林銑十郎朝鮮軍司令官が独断で部隊を満洲に派遣した際、参謀本部の中堅層は閣議の承認を後回しにし、参謀総長の帷幄上奏によって許可を得ようとしている。しかし陸軍省軍務局軍事課長の永田鉄山は、閣議の軽視を愚策とたしなめた（纐纈、二〇〇五、川田、二〇一一）。

国策決定を内閣主導で統御するにあたり、満洲事変は大きなきっかけになった。事変の処理にあたって若槻内閣は不拡大方針をとり、昭和天皇もその判断を妥当とした。ただし御前会議による事態の収拾が考慮されると、元老西園寺公望は反対に回る（川口、二〇一七）。彼はまた、自ら各政治勢力の調整を行おうとした天皇にも、責任が集中するという理由で反対した（手嶋、二〇一五）。

犬養毅内閣下では内閣が強力な国家意思決定機関となっておらず、枢密院には内閣の統制機能の低下がもたらす国政の破綻を回復することが求められた（増田、一九九九）。一九三二年の五・一五事件（海軍青年将校らによるクーデタ。犬養首相を暗殺）による犬養内閣の瓦解で政党内閣が途絶えると、政党に代わり、枢密院を改革して国家意思調整機能を与えようとする要望が出てくる（茶谷、二〇〇九）。このように一九三〇年代初頭には、軍の行動を規制するための対処法や内閣基盤強化の構想が随所であらわれていた。

満洲事変が停戦をむかえる前後、海軍では高橋三吉《たかはしさんきち》海軍軍令部次長らが、条約派（ロンドン海軍軍縮条約の締結をやむなしとする派）の追い出しと、海軍省に対する海軍軍令部の権限強化をはかるために一九三三年を目途とし省部事務互渉規程の改正を検討している。このなかでは、兵力量の立案者が海軍軍令部長と明記されるなど、軍令機関の権限の拡大がはかられていた（手嶋、二〇一五）。一九三三年九月二七日には海軍軍令部条例が改正のうえ公布され、海軍軍令部長は軍令部総長に名称が変更されて参謀総長と同格になった。兵力量に関しては軍令部総長が起案し、海相に商議のうえ裁定や内裁を仰ぐとされている。編制については統帥部が優先権を保有することになった（神田、一九八九・四）。

こうした動きに、陸軍省が対抗意識を表に出していく。斎藤実内閣期に作成された兵力量の決定に関する首相の答弁案にその一端が窺える。まず兵力量の決定は国務・統帥両機関の協力によるとし、国務に関する部分は内閣が責任をもつのが当然としている。

浜口雄幸内閣時に枢密院対策として検討された内容も意識されていたようである。このなかで常備兵額および編制はどの機関が輔翼《ほよく》するかという問いに対しては「大臣」であるとし、伊藤博文の『憲法義解』（憲法制定の中心を担った伊藤による解説書）を根拠に国務機関側に責任があるとしている。ただし、内容によっては統帥機関との関係を有するとした。

つぎに、ロンドン海軍軍縮条約の締結時に海相事務管理の浜口が、海相と海軍軍令部長の間で行う兵力量決定の手続きを認識していたことに触れる。そのうえで、条約の調印は海軍軍令部長の同意を得ていたかという問いが想定され、異議なしとの態度であったとしている。軍縮条約に陸相はどう関与したのかという問いには、海軍の軍事専門家の意見を聞き、陸軍とも連絡をとり、陸相は閣僚として関与したとした。

これらの想定問答には、兵力量の決定の主要部分が国務事項であることを再確認する意図がみられる。ロンドン海軍軍縮条約問題の区切りが、軍政事項と軍令事項の区分の最終的な問題解決にはなっていないことがわかるだろう。内閣と軍の良好な関係は、国務と統帥の区分が明確であってはじめて成り立つものであるが、依然、内閣と軍はそれぞれ有利な立場を主張していた。

3 挙国一致内閣期の閣内統合

閣内統合機関の設置構想

閣内統合力の強化については、一九一〇年代以降、防務会議や外交調査会の設置が実現した。ただ、防務会議は軍拡を容認する役割しか果たせず、外交調査会では内閣や外務省の方針と対立する場面が多かった。一九三〇年代になると、無任所相の設置、国務大臣と行政長官の分離、少数閣僚制、特定閣僚による意思決定機関などの案が盛んに議論され、実現に至っていく（【図2】参照）。

法制局参事官をつとめた山崎丹照は、内閣が国政担当機関としての機能を失っている原因を「閣僚の国務大臣性の希薄化—閣僚の行政長官化—」と指摘する。その状態を是正し、内閣を国策審議決定の府とする手段が国務大臣と行政長官の分離であった（山崎、一九四二）。

同様の効果が期待される無任所相については、すでに触れたように副島義一、伊東巳代治、平田東助らが構想していた。田中義一内閣の大蔵政務次官であった大口喜六も、積極政策と財政整理を両立させるため、「歳出事前監督」制度の導入、内閣への予算統制機関の設置、内閣官制の改正による全閣僚の無任所化を提案している（若月、二〇一四）。

政友会の政務調査会長をつとめた山本条太郎も、各省の廃合と二、三人の無任所相の設置を提案している。省務を超越し国政の運用に参画させることや、内閣と各省に存在する調査機関を管轄することが期待された。大口と山本の構想は、犬養毅内閣の国策審議会構想へと引き継がれていく（同前）。

犬養内閣の国策審議会構想とは、産業五カ年計画の実施を目的としたものであり、委員長は国務大臣待遇、委員は親任官待遇で、委員長には山本を予定していた。犬養は、山本や大口とともに国策審議会の設置を検討しており、閣内統合への関心が高かったことがうかがえる。しかし設置に至らなかったことで政友会各派の対立がうまれ、各省大臣の対立に発展する可能性が高まった（増田、一九九九）。

なお犬養は無任所相への思い入れが強く、外交調査会をその変形ととらえている。入閣が叶わなかった山本が無任所相に就任するのではという噂に対しては、山本に限らず三人ほど置いてもよいと語った。先の山本の案や第二次若槻礼次郎内閣期の民政党による行政整理案にも三人以内の無任所相の設置が明記されているため（若月、二〇一四）、各党それぞれ無任所相の有用性を認識していたと考えてよいだろう。

斎藤実内閣の発足に際しては、政友会総裁の鈴木喜三郎《すずききさぶろう》が入閣意思をあらわしている。無任所相としての入閣が予想されていたが、西園寺公望の私設秘書である原田熊雄は鈴木の入閣後、荒木貞夫陸相の支援を得て政友会内閣を成立させる野心を察知した（佐々木、一九七七・九）。このケースは、政権獲得策としての無任所相の利用といえる。

外交については、田中内閣の外務政務次官であった森恪が東方会議（森を中心に対中政策を検討した会議）の経験をふまえ、犬養内閣で対満蒙実行策案審議委員会を設置している。この委員会は外務・大蔵・陸軍・海軍・拓務各省の実務者で構成され、軍と文官の実力者協議による意思統一がはかられた。委員会の案件を閣議にかけることで、閣議での反対を封じ込めた点に森の手腕がみられる。また森は、満洲国（一九三二〈昭和七〉年、日本が満洲に建国）の経営を進めるため、外交大権に関連する機関と枢密院の調整機関を設置する構想も立てている。彼はこの機関を天皇直隷とし鈴木喜三郎を委員にする考えをもっており、外交調査会を模した国策審議機関を思い描いていた（増田、一九九九）。

行政整理を通じた閣内統合に目を転じると、浜口内閣は一九二九年一〇月一五日の定例閣議で、一割の官吏減俸案を可決した。しかし判事、検事、鉄道省官吏による反対運動が起り、野党政友会は、官吏の俸給を定める天皇大権を内閣が侵犯したと追及した。その結果、減俸案は、二二日の閣議で撤回が承認された。次の第二次若槻礼次郎内閣では、若槻・井上準之助蔵相・江木翼鉄相・安達謙蔵《あだちけんぞう》内相が意思統一をはかったものの、東京判事連合協議会などが反対したため、内閣は条件などを緩和することで、一九三一年五月二六日に閣議決定に至った（筒井、二〇一二）。

また浜口内閣は一九三〇年六月五日に、翌年度の予算編成に備え、首相の監督に属する行政刷新委員会の設置を閣議決定している。委員長は蔵相、委員は内閣書記官長・法制局長官・大蔵政務次官・事務担当の大蔵次官である。行政の刷新、能率の増進、官業の合理化についての調査研究を行い、予算編成前の具体案を作成し実行することが求められた。予算の枠組みを内閣主導で決定するという狙いが読み取れよう。

第二次若槻内閣では、拓務省の廃止や農林省と商工省の合併などが検討されていった。ただ臨時行政財政審議会に提出された行政整理案は、各省側の反対を危惧した井上が、各省の要求を全面的に取り入れたことで、不徹底な結果に終わっている（清水、二〇一〇）。それでも「行政整理並軍制改革実施ノ時期ニ関スル件」という史料をみると、整理の第一期の甲は一九三一年内、乙は翌年二月中旬まで、第二期は四月一日までに終えることや、整理時期が厳しい場合は閣議をへて実施時期を決定することなどが定められており、改革に対する意気込みは感じられる。

斎藤実内閣期の行政機構改革構想

五・一五事件後に発足した斎藤実内閣では、国家機構全体を組み換えるような行政機構改革案が構想されている。政党内閣が終焉し、挙国一致内閣として運営を開始したことと関連があるのだろう。これまでにない大規模な省庁再編と、それを足がかりにする閣内統合に注目が集まっている。とりわけ無任所相の役割が期待された。

「国政基本改革要綱」という史料では、財政・税制・行政・教育に対象を絞り、行政機関と行政機能の整理合理化や、官吏制度の改善などが提案されている。また中央政府機構の改革では、無任所相の設置、首相の主導性、国務大臣と行政長官の兼任が項目立てられている。各省を陸軍、海軍、外務、金融、社会、農林、商工、交通の八省とする案や、無任所相を内閣書記官長にすることができるという案もみられた。

改革の基本案を立案するために特設機関を設置し、その長官に無任所相をあてることや、機関で得られた基本案を閣議にあげることも規定している。もし無任所相を含む内閣が発足できない場合は、閣僚などからなる最高審議会を立ちあげて、案を検討するともした。無任所相が国政を大所高所から判断する首相のブレーン的な役割と目されていることがわかるが、以下にあげるように実現への厳しさも垣間見られる。

斎藤　実

別の史料では、第二次若槻礼次郎内閣期に断行された官制の整理が進行中なのを理由に、行政整理は困難としている。省の廃合を実行するのは難しく、大々的な行政改革は時期尚早ともする。臨時財政調査会を設けて貴衆両院の議員を委員に就任させ、行政組織の整理改善や軍費と財政の調和を検討させる案も出ているが、「国政基本改革要綱」からはトーンダウンしている印象は否めない。「行政改革ニ就テ」という史料では、少数閣僚制を基本とし、国務大臣と行政長官を分離して、省務は行政長官が担うという国民同盟（一九三二〈昭和七〉年一二月、民政党を脱党した安達謙蔵らによって結成）の案を紹介している。ただこの案は、①外国に事例がない、②各省事務に携わらない大臣が方策を決定するのは危険、③各省の事務を閣議で決定する際に大臣が説明しないと連絡に欠陥が出る、ということから消極的な評価が示された。無任所相の効果にも懐疑的である。拓務省の廃止、農林・商工両省の合併、陸海軍省を合併することでの国防省の新設などの従来の案も、実行には多大な困難が伴うとしている。

そのような状況が続くなか、一九三四年七月に斎藤内閣は総辞職するが、同じ月にも改革案が練られている。まず、国務大臣よりも行政長官に重点を置く傾向は内閣制度のあるべき姿ではないと批判し、官僚主導政治への逆戻りを危惧する。内閣は国務大臣による「有機的合議体」でないといけないとの主張である。そこで、国務大臣から行政長官を任官させる方法が提案された。また三人以内の無任所相を設置し、各省の事務を超えて国策の遂行にあたらせることや、国策審議機関を設置する構想も示している。

斎藤内閣期には政党の党首を無任所相として入閣させることが議論されており、斎藤首相の意図をくんだ鳩山一郎文相は、政友会の鈴木喜三郎総裁に入閣を打診している（村井、二〇一四）。ここで紹介した各改革構想に出てくる無任所相の受け皿として、政党党首が想定されていた可能性も考えられよう。

少数閣僚会議の立ちあげ

斎藤実内閣では国策審議会の設置が検討されていた。しかし原田熊雄《はらだくまお》は、かつて外交調査会が政府を困難に陥れたという経験をもとに、注意をうながしている。別の場面でも彼は、外交調査会のような機関は「屋上屋を重ねる」ものだと否定的に語っている。

実際に斎藤内閣が導入したのは、少数閣僚会議であった。一九三三（昭和八）年一〇月三日から二〇日まで、五回にわたって首相・陸海相・蔵相・外相による五相会議が開催され、一一月～一二月には内政会議が開催されていく。

五相で話し合う形態は、組閣直後の一九三二年六月から五閣僚協議会（内相、蔵相、農相、商工相、拓相または鉄相）という名称で開催されていた。世界恐慌後に疲弊する農村の救済が検討され、官僚が行う予算編成とは別に、政治的な対応が求められたのである（大前、二〇〇六）。この協議会では、関係各省次官協議会の検討案と参考資料を調査・研究し、閣議に提出する準備が進められた。

財政の安定が大事と考えた高橋是清蔵相は、一九三四年度予算の大半を占める軍事費だけではなく、国防・外交・財政を総合して国策を樹立するために、五相会議の開催を提唱した。さらに一九三三年六月六日の閣議で、予算編成過程の変更も提案している。各省からの概算要求前に閣議で大綱を決定して、その方針にしたがい各省が要求するよう提案したのである。しかし三土忠造鉄相が反対し、五相会議に持ち越しとなった（藤田、一九八九・一二）。当時、軍部・大蔵・外務が協同できず国策が決定できない場合、国内改造の動きがいつ台頭するかという危機感がうまれている。

外交分野では広田弘毅外相が、外交を軍事に優先させたうえでの、協調外交を目指していた。高橋も賛同したが、荒木貞夫陸相と大角岑生《おおすみみねお》海相は否定的な態度を示している。こうした閣僚の意見を集約し、国防に関する国策を協議・樹立したうえで、軍の予算を決定するため（大前、二〇〇六）、一〇月三日に第一回五相会議が開催された。四、五月には陸軍内で参謀本部の小畑敏四郎《おばたとしろう》と永田鉄山が対ソ戦略をめぐって対立しており、荒木陸相の判断で小畑の考えにもとづき対ソ戦争準備方針が決定されていた（川田、二〇一一）。

ただ、荒木の主張は高橋と広田に否決されていく。荒木が賛同を期待していた広田が、高橋とともに〝和協外交〟を提唱したのである。海軍との関係も悪化させた荒木の立場は一層悪くなった（藤田、一九八九・二）。一〇日の第三回会議と一六日の第四回会議では荒木の対ソ積極防衛策が受けいれられず、二〇日の第五回会議で荒木の提案は挫折した（佐々木、一九七九・三）。

こうした五相会議の審議について、たとえば明倫会（国家主義的な親軍、反既成政党の立場をとる団体）は、広田と高橋の考えに趣旨としては賛意を示しつつも、強力な軍備があってはじめて外交目的が実現できるとしている。閣内調整を担う五相会議の役割自体は否定していない。五相会議には法制上の規定はないが、国策決定過程における閣内の混乱を内閣主導で収拾する点と、軍部の行動をある程度拘束する意図をもつ点に運営の意義があった（同前）。

内政についても一〇月二一日の閣議で、特定閣僚会議を要望する声があがり、一〇月末には内政の具体的な目標や方針を討議する内政会議の開催を決定している（同前）。後藤文夫農相を中心とする新官僚（満洲事変後、政党政治の弱まりを背景に、軍と組んで国家の改造を企図した官僚）は、軍部大臣とともに政府へ改革を迫る心づもりであった。

一一月七日と一〇日の内政会議では、農村に膨大な予算措置を求める後藤と、自力更生を説く高橋が対立した。軍隊強化のための農村の負担軽減を考えていた荒木が後藤支持に回る。次第に高橋と彼を支持する三土鉄相・中島久万吉商相が、後藤・荒木の支持する軍部・新官僚と対立する可能性が出てきた。内政会議は八回開催され、自力更生論が他の閣僚を圧迫したまま閉幕している。政治生命が圧迫を受けた状態の荒木は、病気辞任した（同前、藤田、一九八九・二）。

ここまでみてくると、陸軍が閣内の政策論議に敗北した印象を受けるが、そうでもない。荒木の辞表提出時、間髪入れずに林銑十郎《はやしせんじゅうろう》を後継陸相に推薦したため、内閣はあっけに取られたとされる。陸相の人選が内閣側にも少なからぬ動揺を与えたことが推察されよう。

内閣審議会と内閣調査局

五相会議は岡田啓介内閣でも開催され、一九三〇年のロンドン海軍軍縮会議につづく軍縮会議の根本方針などが協議された。当時、大角岑生海相によるワシントン海軍軍縮条約の離脱や、加藤寛治による条約破棄の主張が展開されており、大角は各国に軍備の平等権を認めるよう訴えていた。それに対して、林銑十郎陸相が五相会議で批判する場面もあった（手嶋、二〇一五）。ただその林は五相会議の開催には反対であり、陸軍独自の国防国策の議論と五相会議は別個のものであって、軍縮問題も別の会議で議論すればよいと考えていた（『大毎』一九三四〈昭和九〉年七月一五日付）。

一方、内閣側では、内閣制度の強化を目的とする取り組みが進められ、その結果一九三五年五月一〇日に設置されたのが、内閣審議会と内閣調査局である（増田、一九九九）。

内閣審議会は内閣に隷し、諮問に応じて重要政策を調査審議する目的をもつ。重要政策を内閣に建議できるともされたが、扱う対象は財政・経済・教育の問題に限定され、国防と外交は対象外とされたようである。会長は首相、副会長は国務大臣から勅命され、国務大臣には会議で意見を陳述する権利が与えられている。幹事は内閣書記官長・法制局長官・内閣調査局長官がつとめた。

設置過程では貴衆両院の権威者を入れることで政党を操縦しようとの考え方も存在した。閣内統合力の強化が狙いとして読み取れよう。一方、蔵相の高橋是清は、外交調査会の失敗を繰り返したくないと慎重な姿勢をとった。

なお、内閣審議会の調査事項と担当者をみると、「行政制度其ノ他一般（松井、中村、内田）」や「財政関係方策調査事項（飯沼、山田、松隈、田中）」などとある。テーマに即して担当者が割り振られ、調査にあたったことがうかがえる。

一方、内閣調査局は、政党政治の停止と各省割拠性の弊害を背景に設置された。長官・調査官・書記官・事務官・属・参与が置かれ、参与は資源局長官・対満事務局（陸相を総裁として一九三二年に設置。拓務省が担う満州関連の業務の多くを引き継ぐ）次長・各省次官などが就任した。内閣調査局は首相の管理に属し、重要政策に関する調査や内閣審議会の庶務が任されている。関係各庁に対しては、調査・審査を行ううえで必要な資料の提出や説明を求めることができた。後藤文夫内相や高橋蔵相は、国策遂行の具体案、及び実行の時期が研究されることに期待をかけている。

主席調査官をつとめた松井春生は、内閣調査局は内閣審議会の事務総局のようにみえるが、実質的な内閣をつくりあげようという要望が多数あったと回想している(池田、一九八九・一〇、小川原、二〇一〇、伊藤、二〇一五)。また内閣審議会と内閣調査局は、政党勢力・軍部・官僚の間に立って、内閣の政治的独立を主張する機関とされた(井上、二〇一二)。

内閣審議会と内閣調査局の設置にあたって、過去の同種の機関を下調べした形跡がみられる点は興味深い。具体的には、臨時外交調査委員会、帝都復興審議会、行政制度審議会、臨時行政財政審議会にかんして、①権限、②設置年月日、③廃止年月日、④委員の構成、⑤委員の待遇、が調査された。また、既存の調査会や委員会を整理しようとする動きもみられ、中央統計委員会、文政審議会、資源審議会、法制審議会、臨時産業審議会、米穀対策調査会などが廃止の対象にあげられた。

これらの整理からは、運営費用の軽減や、意思決定過程を単純化しようとする狙いもみえてくる。その証拠として、内閣審議会と内閣調査局を「重要政策ノ基本的綜合的調査審議ヲ専掌スル機関ノ実現」と評し、既存の調査会や委員会が個別で取り組むことを禁じている。さらに、各会の重要政策や調査審議機能を内閣審議会と内閣調査局に包摂することも提起している。

内閣書記官長の通達文書(一九三五年一一月四日付)でも、各省所管の委員会や調査会のなかで、内閣審議会と内閣調査局との兼ねあいを考慮し、整理する機関の整理期限を確認している。新たに委員会や調査会を設置する際には官制案や規定案をあらかじめ内閣調査局と協議するよう要求もした。

副島義一も、法制には法制局、文政には文部省があるにもかかわらず、法制審議会や文政審議会を設置するのは重複かつ不統一と批判しており、内閣の動きと軌を一にしている。常識をもつ官吏が少なくなると警鐘もならしていた。

こうした動きのほかに、陸軍省軍務局長の永田鉄山らは、国策を総合的に検討する機関を陸軍省内に設置し、内閣に実現させようと構想している（川田、二〇一二）。一九三六年八月には、満鉄（南満洲鉄道株式会社。一九〇六年に設立され、鉄道経営などを担う）調査部所属の宮崎正義を参謀本部嘱託として日満財政経済研究会が設置され、対ソ戦の兵備充実などを通じ、内閣調査局とつながりを深めていく（小川原、二〇一〇）。

広田弘毅内閣と行政機構改革構想

岡田啓介内閣が一九三六（昭和一一）年の二・二六事件（急進的な国家改造を目指した陸軍皇道派の青年将校らによるクーデタ）でたおれると、広田弘毅外相が後継首班に選定された。

ただ組閣は難航した。特に陸相人事である。寺内寿一は入閣に際して、〃庶政一新〃のためには内閣機構の改革が必要であると主張した。各省の廃合や無任所相の新設は岡田内閣期に内閣調査局が検討した案であり、無任所相については定員三人で行政機構改革の専門的な部分を担うことを想定する見解もあった。国策の果断な樹立と実行を期待する向きもある。

寺内自身の提案は、無任所相が執務する国策参謀本部の設置や、一二人の国務大臣を九人に圧縮する閣僚の減少策であった。後者に際しては、商工省と農林省、逓信省と鉄道省の各合併と、拓務省の廃止などが考えられている。こうした案を政党側は、軍部の行政部門への進出、あるいは国家の準戦時編成化への基礎作りと恐れた。

陸軍はさらに一九三六年六月、大蔵省主計局を内閣に移管して、総合予算の編成を行うことも求めている。論者のなかには、陸軍の強い改革意欲を「軍部的行動の簡捷化と能率化」と評し、内閣が人的に強力にならないのなら制度的に補強するしかないと共感を寄せる者もいた。

海軍でも、永野修身海相が時局収拾のために強力内閣をつくる必要性を感じている。のちに行われる内閣への要求は寺内陸相が前面に出ているが、基本的に永野と共同歩調をとるものであった（礒部、二〇〇〇・三）。

組閣後、広田内閣は七月三日から各省に国策案を提出させ、その大小軽重によって国策を決定する〝国策閣議〟を開催していく。しかし膨大な国策の氾濫が起り頓挫した。そこで広田は、提出案の検討時間を軽減するため、五人の大臣による審議決定を提案している（同前）。当時、広田内閣に対しては、この段階で内閣調査局の強化や無任所相の設置を行い、内閣の統制力を強化しておく必要があったと悔やむ意見がみられた。

七月二二日、軍は広田に、①国務大臣と省の数を極力少なくする、②内閣調査局や資源局を拡大して国策樹立機関を新設する、③無任所相を②の長官に就任させる、という改革案を提示した。各省大臣が国務大臣として国策樹立に専念できるようにすること、また無任所相は首相の参謀として調査局や資源局のスタッフを従え、各省大臣と連絡して総合的な国策を樹立し、首相に進言することが求められた。

八月二日には、梅津美治郎陸軍次官らによる総力戦体制の具体策として、寺内陸相が改革案を提出している。それは国務大臣と行政長官の分離や、帝国議会議員の行政官就任の禁止を含むものであった（纐纈、二〇〇五）。前者については、寺内が原田熊雄に、各省割拠性と内閣の統合力の欠如を補強する手段として、憲法違反でないなら国務大臣と行政長官の分離と、陸海相と蔵相以外の五・六人を無任所相に変更する構想を語っている（池田、一九八六・八）。

政党側では、国民同盟の国務院創設案といった行政機構改革構想が、陸軍の方向性に沿ったものである。準戦時経済への移行を目指して内閣総合機関を設置し、その長官を内閣員に列せさせるという無任所相の要求が、内閣制度強化案の目的であった（『大毎』一九三六年一〇月一九日付二面）。

国内政策の方針は八月二五日の閣議に付され、その結果、国防の充実や教育の刷新改善などの七大国策・一四項目が発表された。当初、広田らは「六大国策の実現に必要な行政機構の改革」という一項目の挿入を提案したが、寺内は拒否し、「行政機構の改革」とのみ挿入することで扱いを拡大させている（『大毎』一九三六年一〇月一四日付二面）。九月には寺内と永野が「政治行政機構整備改善要綱」を共同提案し、政治介入の度を高めていった。

無任所相活用の研究

「政治行政機構整備改善要綱」には、首相の管理のもとで重要国務を調査統轄し、予算統制などを掌る国策統合機関の新設案が盛り込まれていた。長官は閣員に列するとされ、無任所相の設置案もみられる（池田、一九八六・八、手嶋、二〇一五）。

広田弘毅首相は各勢力の改革案のなかで、省の廃合と無任所相の設置を恐れていた。後者については、無任所相に自身の管掌事務を奪われ、かつ無任所相が国務大臣として幅をきかせる可能性があるからであろう。

さらに内閣調査局・資源局・法制局などを統合した機関（仮称、国務院）だけでなく、大蔵省の予算関係事務を内閣に移したり人事局を内閣に設置したりし、それを無任所相が管轄するとなれば、彼らの影響力はとても強大になる。そこにもし国務院が設置されると国務大臣の仕事がなくなり、閣議を束ねる首相の役目も低下せざるを得ない。軍部が馬場鍈一蔵相を無任所相に据え、大胆な国策の実施を目論んでいるとの観測も、広田の懸念材料であったと考えられる。

ただ、無任所相の設置が法的に可能かどうかは議論があった。法学者の中野登美雄は、イギリスでの運用が長く、ほかの国でも設置を認めていることを紹介する。日本では政党内閣期に政党員の猟官のため導入が検討されたが、政党員が各省長官を兼任する国務大臣に就き始めると、任命は例外的なものになっていったという経緯にも触れている。金森徳次郎は無任所相の職責を、ほかの国務大臣と同様に、大日本帝国憲法第五四条にもとづく帝国議会への出席と発言、および第五五条の輔弼責任と副署としている。国務大臣と行政長官の分離については内閣設置の趣旨に反するとした。

『大阪毎日新聞』（一九三六〈昭和一一〉年一〇月一九日付二面）は、軍部の要求する〝独裁型内閣〟

のかたちを、①国務大臣は五、六人、②国務大臣と行政長官の分離の導入、③少数閣僚の合議体で最高国策を決定する、と推測する。『大阪朝日新聞』(一九三六年九月一七日付三面)は、閣議定員の多さの問題を解消するには、少数閣僚全員が無任所的な立場になる方がよいという考え方を示した。そのために国務大臣ではない行政長官を原則とし、内閣調査局が内閣の管理下にあることによって、各省間の対立はなくなるとも提案している。

実際の行政機構改革は、一九三六年一〇月二三日に設置が決定された四相会議(馬場蔵相・頼母木《たのもぎ》桂吉《けいきち》逓相・平生釟三郎《ひらおはちさぶろう》文相・前田米蔵《まえだよねぞう》鉄相で構成)で審議されていった。翌月の会議では、①総務庁を設置し内閣調査局・資源局・統計局・情報委員会をそのなかに含める、②情報委員会は情報局に改組する、③調査局は企画局に拡大改組する、④総務庁長官は閣僚の兼任ではなく専任とする、ことが合意されている(波田、一九九九)。

同じ一一月には内閣調査局が「内閣参議院設置案要綱」と「内閣国務庁(仮称)設置案要綱」を仕上げている。重要国策審議について行政各部より提出される案件を下審査し、その結果を内閣へ上申するという手続きを、官制で認める狙いがあった。しかし海軍は、新しい機関に大蔵省主計局や法制局の事務権限を移管し、総裁を無任所相やほかの国務大臣が兼任するのは〝首相の傀儡化《かいらいか》〟であると反対した(池田、一九八六・八)。

政党側では政友会の案が革新的であり、国務大臣と行政長官を分離し、行政長官の命令権を首相に付与することまで構想している(同前)。さらに国務大臣数を限定し、このなかに首相と無任所相も含む案まで用意していた。閣内に設置した内閣調査局・予算局・法制局などを無任所相のもとに統合し、かつ内閣調査局の制度を改め人材を簡抜して政務官とし、その下に調査官を置こうともしている。しかしこうした各構想はいずれも実現にはいたらず、四相会議と五相会議で中央制度・地方制度・議会制度の改革を、三相会議で国防や外交を検討することになった。大胆な改革構想が出るものの、現行官制内の対応に収まるというパターンは、斎藤実内閣と共通している。

以上でみてきたように、広田内閣では閣内の統合をめぐって内閣と軍が牽制し合い、そこに政党勢力も構想を出しあうことで、権力関係は複雑さをきわめた。内閣には天皇の輔弼機関としての自負があり、陸軍には高度国防国家の建設準備という目的があった。結局、内閣側が改革に消極的な態度を貫いたため、各勢力の構想は構想に終始することとなったのである。

企画院の設置

広田弘毅内閣から代わった林銑十郎内閣に対して、関東軍などは急進的な革新を断行し得る強力内閣を要求し、満鉄理事をつとめた十河信二と接点を持たせようとした。しかし林は、岡田啓介内閣で法制局長官をつとめた大橋八郎を内閣書記官長とし、変化の少ない組閣方針をとった。以後、林内閣は梅津美治郎陸軍次官ら統制派（政界や財界と連携するなど、皇道派のような直接的ではない方法で国家改造を目指した陸軍の派閥）の圧力を受けることになる。

陸軍の要求する改革案とは、たとえば鉄道、逓信両省を合体し、かつ逓信省航空局を拡大改組して、航空・鉄道・逓信の三部とするものである。国務大臣と行政長官の分離も視野に入れていた（『神戸

新聞』一九三七〈昭和一二〉年三月一日付）。

他方、日満財政経済研究会の構想は、①内閣制度を廃止して国務院を設置する、②国務院は国務総理と四人の国務大臣で構成する、③国務院に直属する総務庁を新設する、④総務庁には、内閣調査局の権限を拡大強化した企画局や大蔵省主計局を移管するという、行政府への権力集中と統合強化を狙うものであった。少数の国務大臣が各省に指示することで、割拠性を抑制する仕組みである（池田、一九八六・八、関口、二〇一六）。

林内閣は総務庁の設置問題に向きあい、一九三七年五月四日に企画庁官制を公布するに至った。企画庁には重要政策の統合調整に関する起案・調査と、各省大臣の閣議提出案を審査する権限が付与された。問題は企画庁総裁の位置づけであり、無任所相を総裁にすれば各省庁との摩擦が生じるし、専任総裁にすれば各省庁への統制力が弱くなる。天皇は、総裁が無任所相として閣議に参加できるか否かに関心を寄せていた。結局、総裁は各省大臣の兼任と決まった（池田、一九八六・八）。

六月四日に発足した第一次近衛文麿内閣でも、企画庁の拡大強化問題が、総裁を無任所相の専任とするか各省大臣の兼任とするかに焦点化されている。一方、国民同盟の安達謙蔵総裁は、企画庁などの国策調査機関の長官に無任所相を据え、閣内のさまざまな構想を統合するという軍の考えには否定的であり、日満財政経済研究会の構想に共鳴していたと考えられる。つまり安達の案とは、国務大臣のみで構成する国務院を創設し、首相を含めて六人とする少数閣僚内閣構想であった。近衛首相自身は、困難と認識しつつも国務大臣と行政長官の分離に関心を抱いていた（関口、二〇一六）。

結局、企画庁の拡大強化は、企画庁と資源局が統合するかたちで、一〇月に企画院の設置として結実する。総合国力の拡充運用、重要国策の審査、予算の統制、国家総動員計画の設定・遂行に関する各庁事務の調整を担うとされ、法制局長官の瀧正雄が総裁に就任した（小川原、二〇一〇）。軍人を出向させ、国策の調査立案に従事させた点が特徴であるが（戸部、一九九八年）、資源局長官をつとめた松井春生は文官主導の国家総動員にこだわった（森、二〇二〇）。なお、企画院の機能を補足する内閣長官会議（企画院総裁・内閣書記官長・法制局長官で構成）も設置されている（小川原、二〇一〇）。

問題は、内閣には企画院のほかにも審議調査機関が多数存在しており、かえって国策の統合を妨げる危険性が出てきたことである（井出、一九八二）。かつて後藤新平が唱えた〝各機関の連携〟がここでも閣内統合の鍵となっていた。

五　日中戦争以降の内閣

1　戦時体制への移行

大本営と大本営政府連絡会議の設置

柳条湖《りゅうじょうこ》事件後、満洲国の建国や国際連盟からの脱退通告など、日本は満洲の権益確保につとめていった。一九三五（昭和一〇）年には関東軍を中心とする華北分離工作が本格化し、中国では翌年の西安《せいあん》事件ののち国民党と中国共産党の内戦が停止される。日中両国の全面衝突はさけられない情勢となった。

一九三七年七月七日に北京郊外で日中両軍による武力衝突事件（盧溝橋《ろこうきょう》事件）が発生すると、一一日に参謀本部の派兵動員案が五相会議へ提出された。米内光政《よないみつまさ》海相は反対し、近衛文麿《このえふみまろ》首相・広田弘毅外相・賀屋興宣《かやおきのり》蔵相も乗り気ではなかったが、閣議で承認され（大江、一九九六）、戦闘は中国の中部に拡大していった。

宣戦布告がない期間に起った戦闘に対しては、これまでの戦時大本営条例は適用できない。そこで参謀本部戦争指導課は政治・軍事・経済・思想の挙国的な戦時体制の強化を目指し、大本営の設置を提案する。陸軍省軍務局の稲田正純や佐藤賢了らも同調した。ただ、佐藤が大本営内に首相・外相・蔵相・商相などを入れようと考えていたのに対し、参謀本部と軍令部は近衛による統帥への干渉を排除しようとした（今岡、一九七四・六、川口、二〇一七）。

近衛も一九三七年九月ごろ、政戦両略の一致を得る場として、首相を構成員とする大本営の設置を構想している。日清・日露戦争時の伊藤博文や山県有朋による戦争指導が彼の念頭にあった（神田、一九八九・四）。しかし海軍次官の山本《やまもと》五十六《いそろく》は、首相が統帥部のロボットと化し、ファッショ政治（ファシズム的な体制）に発展することを懸念している（池田、一九八九・一〇）。設置するとしても、大本営に文官の国務大臣をくわえる案や、両統帥部が陸海相の指揮に従う案を構想していた（大江、一九九二）。元老西園寺公望も同様の考えであった。また米内海相は、参謀本部による陸海軍省への圧力を危惧し、大本営の設置自体に否定的であった。

近衛文麿

だが、一一月一七日に大本営の設置に向けた上奏がなされ、陸海相が閣議と大本営の両方に参加し、両機関の緊密な連携がはかられることとなる。政戦両略の一致を担う最高戦争指導機関としての性格は大本営に付与されず、政戦両略は閣僚と統帥部の首脳で会談し、重要な案件は天皇の「聖断」を仰ぐこととされた（大江、一九九一、森松、二〇一三）。

一八日には軍令によって大本営令が公布され、二〇日に天皇のもとにある最高統帥部としての大本営が宮中に設置された。梅津美治郎陸軍次官は、政治が統帥を制する危険性を認識し、大本営に最高戦争指導機関という性格づけを行うことには、あくまで否定的な姿勢を示していた（今岡、一九七四・六）。

しかし、陸海相だけが政戦両略を調整することには不安がある。そこで一九日に、国務と統帥の統合調整をはかるため、随時開催というかたちで、官制によらない大本営と政府の連絡体（通称、大本営政府連絡会議）が発足した。政府側は首相・外相・陸海両相が、大本営側は参謀総長と軍令部総長が出席し、関係閣僚や統帥部次長も出席したため、これが実質的な最高戦争指導機関とみなされた。幹事は内閣書記官長と両軍の軍務局長が担った。

ただ大本営政府連絡会議は、政府と大本営の申し合わせの機関にすぎない。したがって、戦略事項を議題とすることに軍が反対し、一二月一日の南京攻略の正式下命が政府と協議されない事態がおこった（小林、二〇〇四・九）。実行責任も皆無に近く、決定事項は政府と大本営が互いに尊重し実行に努めることとされている。国務の重要事項は閣議で処理するとされ（纐纈、二〇〇五）、さらに重要度の高い国策や戦争指導内容は御前会議（政府・大本営の意見が一致した際に開催する天皇臨席の会議）で権威づけがはかられた（大江、一九八五、吉田、二〇〇七）。

翌年一月一五日の大本営政府連絡会議で内閣は、蔣介石との交渉が長引くことに不信感をつのらせ、和平交渉の打ち切りを主張した。参謀本部の多田駿《ただはやお》次長は反対したが、内閣の崩壊をさけるために応諾した。その後、対中方針は決定されたものの、会議は二月以降休止状態になった（森松、二〇一三）。

内閣参議の設置と運用

一方、閣内の政策決定力の強化策として、一九三七（昭和一二）年一〇月一五日に臨時内閣参議官制が公布されている。参議は国務大臣の礼遇をうけるとされ、陸海軍や財界人の大物が任命された。基本的に少数精鋭とし、「支那事変」（日中戦争）の謀議機関としての活動を通じて、内閣強化の役割が期待された。枢密院の審議で、参議は内閣の諮問機関と位置づけられている（日笠芳太郎「戦時政治体制（上）（中）（下）内閣の外廓補強　人的強化に成功」『満日』一九三七年一〇月一七、一九日、二〇日付二面）。閣議に出席できないものの、彼らの意見を閣議へ間接的に反映させることは可能であった。

なお、参議の設置前には、無任所相の設置も検討されていた。近衛文麿首相は、一般政務の相談相手になる国務大臣を欲していたため、その対応という意味もあろう。ただ日笠芳太郎は、阿部信行の就任例しかなく、職官表や俸給令の定めも存在しないので、規定の制定や改正が必要と述べる。国務大臣数を少なくしないと、閣議の統一が妨げられることも問題視した。内閣の決定を迅速に実行するためにも国務大臣は少数とし、ほかは行政長官とするほうが妥当と主張する意見に対し、閣外の補強策が現状は妥当とも述べ、参議制を評価している（日笠芳太郎「戦時政治体制（中）内閣の外廓補強

人的強化に成功」『満日』一九三七年一〇月一九日付二面）。

一九三七年八月一八日には、有馬頼寧《ありまよりやす》農相が近衛に対し、内閣改造が困難なら無任所相を導入するよう進言している。安井英二《やすいえいじ》文相や大谷尊由《おおたにそんゆ》拓相も同じ考えであった（日笠芳太郎「戦時政治体制（上）内閣の外廓補強　人的強化に成功」『満日』一九三七年一〇月一七日付二面）。

風見章内閣書記官長の内閣改造案は、国務大臣と行政長官の分離を断行し、閣僚の無任所相化をはかるという内容であった。内閣官制が改正されるまでは各省次官が長官の役割を担うことや、内閣書記官長のもとに設置する政務官の活用によって官僚制の弊害を是正することも構想している。しかし馬場鍈一内相が反意をあらわし、ほかの閣僚からも改革に対する異論が聞かれるようになった（以上は関口、二〇一六）。

なお、これまでも幾度となく構想されてきた国務大臣と行政長官の分離は、太政官制下の参議省卿分離と重なる印象を受ける（小林、二〇二〇）。太政官制下では大臣への集権を牽制する狙いを含み、今回は国益重視の政策決定が目的ということで、両者の方針は完全に一致しないが、強力な意思決定をはかる面と手法面で類似しているのは興味深い。

参議制は、総合的かつ個別的に能力を活用するとされた（日笠芳太郎「戦時政治体制（上）内閣の外廓補強　人的強化に成功」『満日』一九三七年一〇月一七日付二面）。そのため毎週火曜に会合するという話になったものの、事務局をもたないゆえ不安定な運営を続けていく。一九三八年に参議の池田成彬や荒木貞夫が入閣すると存在感が薄くなった。また、参議を大本営と関連づけて戦略面に影響をおよぼすことに対しては参謀本部や海軍が反対した（小川原、二〇一〇）。

一九三八年四月二二日ごろには、文相兼厚相の木戸幸一が、参議をすべて無任所相にするといった大胆な改革構想を示している。また風見が考案した新たな構想は、行政長官の兼任による少数閣僚制にくわえ、閣僚に平沼騏一郎枢密院議長を含むものであった。平沼自身も、枢密院議長の入閣は前例があることなので否定はしていない。

こうした動きと呼応するように、近衛自身も五月一二日、原田熊雄に対して内閣制度改革構想を披露した。行政長官をすべて次官が担い、後の八人を国務大臣とする部分は、陸軍の要望や風見の案と類似している（関口、二〇一六）。しかし実際に導入されたのは、斎藤実内閣や広田弘毅内閣で運用例がある五相会議であった。

五相会議の設置

一九三八（昭和一三）年五月二六日に近衛文麿首相は内閣改造を行い、石原莞爾《いしはらかんじ》と気脈を通じる板垣征四郎を陸相、元陸相の宇垣一成を外相、皇道派の荒木貞夫を文相に任命した。財界からは池田成彬を蔵相にむかえた。統制派の幕僚を抑え、日中戦争を融和的に解決しようとの意図が読み取れる（川田、二〇一一）。

近衛はまた、五相会議（首相・陸相・海相・蔵相・外相で構成）を正式に閣議で承認し、随時開催することで政戦両略の一致につなげようとしている。斎藤実内閣期の五相会議は満洲事変処理のための軍事費と財政の調整が、また広田弘毅内閣期には四相会議で国策統合機関に関する積極的な議論が行われたが、いずれも臨時的かつ便宜的な運用に終始した。今回、閣議での承認をへたことで、事の重大性を感じ取る動きがあったようである。政戦両略の一致には敏速さと果断さが重要になるため、まずは五相で討議を尽くし、その後に閣議で正式に承認するという一連の手順も予測された（『東日』一九三八年六月一三日付三面）。

五相会議は事実上の少数強力内閣を目指すものであり、近衛は統帥を除く最高意思決定機関と位置づけている（小川原、二〇一〇、森松、二〇一三）。書記局を設置したり情報部を拡大改組したりすることで、五相会議を下支えする構想もあった。書記局とは、首相の提議事項の具体化や、国策審議を行う有能な内閣書記官を各省から簡抜して内閣書記官長の下に置くことを想定した組織である（『東日』一九三八年六月一三日付三面）。

なお近衛は、三相会議と四相会議も設置しているが、これは五相会議に参加できない閣僚の不満解消という面もあり、意思決定の分散になりかねない措置であった。また特定閣僚による会議は、あくまで国務大臣と行政長官の分離の断行が保留ゆえの過渡的な対応であり、無任所相の設置に対する法制等の疑義も依然晴れていない。近衛は、この現状に決して満足していなかったと考えられる。

その証拠に、近衛の新たな改革案には、首相と無任所相が「無任所大臣会議」を主催することで、五相会議よりも国政の方向性を確定しやすくするという構想がみられる。問題は無任所相の設置が可能かどうかだけではなく、「無任所大臣会議」を五相会議や各省とどう関連づけるかにもあり、法学者の宮沢俊義や『読売新聞』の記事（一九三八年七月三〇日付）は、政治家間の意思疎通と、官僚に対する政治家の統制力を不安視していた（以上は関口、二〇一六）。くわえて、各省事務の連絡が行き届かないことを問題視した原田熊雄は、近衛や風見章内閣書記官長に対し、青木一男（のちの蔵相兼企画院総裁）などの事務処理能力のある官僚を企画院総裁に据え、次官会議を主催させる次官会議強化案も提案していた。

結局、一九三八年一〇月ごろ、「無任所大臣会議」ではなく、五相会議連絡委員会の設置が決定されている。五相会議による国策決定と五相会議連絡委員会による国策形成・執行を連携させることで、行政事務の円滑化をはかるという方法は、「無任所大臣会議」にかわる内閣機能強化策の現実的な落としどころであった（同前）。

近衛文麿の無任所相就任

第一次近衛文麿内閣の後に首班を継いだ平沼騏一郎には確固とした政治基盤がなく、諸政治勢力と協調する必要があった。政治制度や行政機構の改革は否定している（萩原、二〇一六）。五相会議による国家意思決定を基本的に維持し、大本営政府連絡会議は活用しない方針をとった。その一方で、五相会議にかわる国防会議のような機関を設置し、軍令機関の武官をくわえて中国問題を協議したいとも考えていた。

平沼は、枢密院議長の近衛前首相を無任所相にむかえようとしている。近衛内閣期に行われた汪兆銘工作（中国の蔣介石の腹心である汪兆銘を通じた日中和平工作）を継続させる意思表明のためである。民政党の斎藤隆夫は、近衛の入閣によって政策決定力が強化されるか否かに関心を寄せた。

しかし、枢密院議長が無任所相を兼任することが第七四回帝国議会衆議院本会議で問題化した。政友会の安藤正純は一九三九（昭和一四）年一月二二日、平沼内閣の発足と同時に、近衛が無任所相に就任することへの「奇異ノ感」をあらわしている。対して近衛は二八日、就任の理由が内閣の交代によって対中方針の変動ないしは動揺を防ぐためだと発言するにとどめ、無任所相の設置の適否にはふれていない。実は近衛自身、枢密院議長と無任所相の兼任に不安を抱いており、法学者の佐々木惣一に尋ねていた。佐々木は、就任は法理上差支えないとしつつ、政治上特別な理由が消滅した際には職を退くのが妥当と述べている（松尾、二〇〇九）。

ただ、無任所相が自由に設置できるようになっても、首相の役割が無任所相にとってかわる〝首相のロボット化〟や、無任所相とほかの国務大臣との対立が懸念される。無任所相の設置自体が、国家意思決定の強化を保証するものではないのである（関口、二〇一六）。

実際の平沼内閣の政治に目を移すと、五相会議では、日独防共協定の強化が積極的に議論された。一九三九年一月六日にドイツが正式にイタリアを含めた三国同盟の締結を提案すると、政府は一九日に秘密了解事項の付加を前提に同盟の推進を決定している。秘密了解事項とは、①英仏も協定の対象とするが、援助には限定を加える、②武力援助はソ連に加担したときのみ、状況による、③外部には防共協定の延長と説明する、であった。しかし大島浩《おおしまひろし》駐独大使と白鳥敏夫《しらとりとしお》駐伊大使が反発した（萩原、二〇一六）。

平沼は五相会議で主導権はとらなかった（同前）。軍事参議官であった畑俊六は平沼の態度を、自分の方針を示さないために板垣征四郎《いたがきせいしろう》陸相が窮地に陥ったとか、平沼は陸軍に依存したなどと酷評している。彼はほかにも、日独防共協定強化問題で閣内の不統一を暴露し陸海軍が対立することとなった、あるいは平沼内閣は陸軍に引きづられているとも述べ、内閣の主体性のなさを批判した。澤田廉三外務次官も、平沼が他大臣に少し強くいうべきと語っている。

最終的にこの三国防共協定強化問題は、陸海軍が参戦や武力援助を明確にしない覚書を提示したためドイツは拒否し、交渉の進展は困難になった（同前）。日独伊三国同盟の成立は、第二次世界大戦突入後の一九四〇年までまつことになる。

阿部信行内閣の内閣機能強化策

平沼騏一郎内閣の末期には、強力な戦争指導体制を求める動きがみられる。たとえば参謀本部は、政戦両略の一致を実現し得る内閣の構築と首相の機能強化を企画し、次の阿部信行内閣で少数閣僚制を契機とする抜本的な行政機構改革を目指していく（関口、二〇一六）。

五相会議という形態は、出席できない閣僚からの不満が発生しやすく、専門性の高い議論にも限界がある。さらに農相兼商工相として入閣する伍堂卓雄は、五相会議と閣議が併存するため、意見が集約しづらいと感じていた。そこで、国務大臣が複数の行政長官を兼務する少数閣僚制によって、閣僚全員による意見一致を実現させようとする発想が出てくる。阿部内閣は五相会議を廃止し、閣議中心主義を採用した。

国策研究会（政治家や学者を集めて国策立案に取り組んだ団体）の創立者の一人である矢次一夫は、

行政長官の兼任によって閣僚数を九人に減らし、行政機構の改革に弾みをつけようとしている。法制局長官の唐沢俊樹や、政治学者で政治家の堀眞琴《ほりまこと》も、少数閣僚制から抜本的な改革に発展させる流れを好意的に評価していた。新聞では組織の整理に注目が集まり（『大毎』一九三九〈昭和一四〉年八月三〇日付）、原田熊雄も各省間の連絡調整に期待を寄せている。

陸軍が作成したと思われる政変対策案には、平沼内閣の崩壊を予測し、行政機構改革への対応、少数閣僚制の採用（七〜一〇人程度）、大次官制などが盛り込まれている。大次官制には、次官の前歴をもつ者を行政長官とすることで大臣の行政長官としての事務を軽減し、大臣を国防国家の整備拡充に専念させる狙いがあった。ただ実際、阿部内閣では、伍堂による農相と商工相の兼任や、「貿易行政を一元化」することを目的に据えた貿易省設置構想に対する外務官僚の反発（外務省の機能が脅かされることへの懸念）が起り、内閣制度改革構想が実現することはなかった（以上は戸部、二〇一〇、関口、二〇一六）。

他方で、法制化による首相の権限強化策は実現に至っている。一九三九年九月の「国家総動員法等ノ施行ノ統轄ニ関スル件」の公布がそれであり、原敬内閣期の軍需工業動員法と類似する措置であった（神田、一九八九・四、小川原、二〇一〇）。国家総動員法は第一次近衛文麿内閣期の一九三八年四月に公布された法律で、戦時や事変に際して総動員上必要な場合、政府に対し帝国議会の承認をへずに、勅令の定めるところによって人的・物的資源の統制運用を行うことを認めるものである（古川、二〇〇五）。

大日本帝国憲法第五五条によると、各省大臣は首相の指揮命令には左右されない。しかし今回、限定つきながら、各省大臣・朝鮮総督・台湾総督などは国家総動員法の施行に必要な命令を発し、または廃止や変更する場合は首相に協議すべきとされた（神田、一九八九・四）。首相は関係各庁に統轄上必要な指示を与えることができるともされている。

違憲論に対しては、指示権は監督的な性質のものではないと否定する向きがあった（『読売報知』一九四三年二月二〇日付）。青木一男蔵相兼企画院総裁は制定に際して、首相が無制限に一般事項に対し独断専行できないよう留意したと語っている。こうして首相の権限強化は一定程度実現したのだが、枢密院でも法制局長官らは説得的な答弁ができておらず、憲法に抵触するという疑いは依然残されていく。

2　首相の補佐機関の模索

米内光政内閣の四相会議と政戦両略

一方、首相の補佐機関として第一次近衛文麿内閣で設置された内閣参議は、存在意義が問われていった。参議本人からは〝日中戦争処理の相談に応じる〟という本来の役割が与えられていないと不満の声もあがっていた。

阿部信行内閣は内閣機能強化を目的とし、民政党総裁で参議の町田《まちだ》忠治《ちゅうじ》に入閣を要請したが、町

米内光政

田は拒否している。枢密顧問官である金子堅太郎《かねこけんたろう》は、町田は首相の器なので、首相以外の国務大臣ではなく、参議という立場で意見を述べるのが得策だと評価した。

また久原房之助《くはらふさのすけ》は、少数閣僚制の実現が頓挫したころに参議へ就任している。存在意義が低下しているとはいえ、参議がまだ政党側にとって無視できない重みのある地位として認識されている様子がわかるだろう。内閣側も参議の人選で政友会中島派、久原（正統）派（当時、政友会内は分裂していた）、民政党に配慮していることから（『東朝』一九三九〈昭和一四〉年一二月二日付二面）、各勢力の均衡を保持し政権基盤を安定させようとする目的があったとみてよい。

ただ参議の秋田清は、阿部内閣が参議制の価値を認めないなら廃止すべきであり、重視するのなら十分に活用すべきと内閣を糾弾している。参議を代表して内閣と覚書を作成し、信頼関係の回復にも動いた。一九三九年一一月に秋田が厚相へ昇格した際には、参議と連携することで存在意義を高めようと考えていたようである。参議のみならず五党首会談（町田、久原、中島知久平《なかじまちくへい》、安達謙蔵、安部磯《あべいそ》雄《お》の各政党党首による会談）を開催することで、強力な政策の形成にも期待がかけられていった。政党党首が政策形成へ参加する形態は、外交調査会や内閣審議会の運営方針と共通している。

米内光政内閣期になると、内閣による政党重視の姿勢や外交政策に反発した松岡洋右《まつおかようすけ》、末次信正《すえつぐのぶまさ》、松井石根《まついいわね》が参議を辞任した。米内は、自分自身や有田八郎外相の外交方針と同じ広田弘毅を参議にむかえているが、やはりここでも各勢力の均衡が重視されている。

米内内閣は、閣議中心の国家意思決定をあらため、四相会議（首相、陸相・海相・外相で構成）を発足させた。これは軍事や外交の最高国務を協議する機関とされ、大本営政府連絡会議の再開は見送っている（以上は関口、二〇一六）。新聞には、四相会議が官制によらず、閣議運営上の便宜にもとづく少数閣僚委員会にすぎないとの記事がみられた。各省大臣が抱える問題を四相会議が断固として推進しなければ、外交委員会の域を出ない結果になるとの主張も確認できる（『大朝』一九四〇年五月二九日付二面）。四相会議が国務大権を輔弼する機関として機能することに期待をかけているのだろう。

一方で陸軍側は、首相、外相、内相が参加する内閣と統帥部の連絡会議を大本営陸軍部で開催するという案を、軍令部の大野竹二大佐に語っている。その軍令部の第二課は、米内の指導力が弱いことを問題視しており、大本営を国務事項にも関与させる最高戦争指導機関にしようと構想していた。海軍はまた、大本営に国策部を設置し、両軍の統帥部長だけではなく関係閣僚を列席させることも構想している。現状では政戦両略の緊密な調整が困難であるとの危機意識が垣間見られよう（関口、二〇一六）。しかし結局、国務・統帥両機関が対等に参集する連絡会議形式が現実的とされた。

内閣参議と新体制運動

参議の補充と並行して、行政機構改革の研究も進められた。企画院次長の武部六蔵は政治機構の大転換を主張し、国策研究会では首相の強力な指導力が話題にあがっている。昭和研究会の「政治機構改新大綱」は、国務大臣と行政長官を分離させたうえでの、国務大臣による国政関与を提案している。大臣の数が閣内一致を妨げているともし、省庁の統廃合も提起した（同前）。

昭和研究会は一九三三（昭和八）年に近衛文麿の私設頭脳集団として発足し、政治・経済・外交・文化などの問題を扱った（宇野、二〇一〇、伊藤、二〇一五、川口、二〇一七）。一九三五年、基本方針を憲法の範囲内での改革、既成政党の排撃、ファシズム反対に据えている。その担い手は、政友会や民政党ではなく、近衛文麿を党首に仰ぐ新党であった（井上、二〇一二）。

第一次近衛内閣期の一九三八年夏には、一国一党の「近衛新党」の結成が目指されたが、内務省や既成政党の反対で挫折した（牧野、二〇一五）。しかし米内光政内閣期の一九四〇年六月二四日、近衛は枢密院議長を辞任し、自ら新党結成に乗り出す。既成政党にかわる国民統合の組織を設置し、挙国一致の戦争指導体制を目指す政治運動の本格的な始まりであった。彼は有馬頼寧元農相、木戸幸一《きどこういち》内大臣と話し合い、新党樹立後に成立させる内閣は少数閣僚制を採用することを申し合わせている。

新党運動を推進していく風見章の案によると、内閣参議は新党発足の補助的な扱いとされ、陸海軍省以外の省務を次官に担わせることも提案された。一方、米内内閣総辞職直前の海軍省大臣官房臨時調査課では、次官よりも強い権限が付与された行政長官を設置することで、省務を専門的に担わせる構想もみられる。

政友会正統派の領袖であり参議でもある久原房之助は一九四〇年六月七日、戦時体制の強化を米内首相に否定されたため参議を辞職した。そのうえで解党を宣言し、新党運動への合流を表明する（以上は関口、二〇一六）。久原派の閣僚や政務官を内閣から引きあげる態度もちらつかせた（古川、二〇〇一）。

民政党の永井《ながい》柳太郎《りゅうたろう》は七月二九日に有馬へ書簡を送り、同党の町田忠治総裁が新体制運動に参加することを望んだものの実現には至らず、永井ら約四〇人が脱党することになったと伝えている。結局、民政党は八月一五日に解党し、日本は無党状態になった。一〇月一二日には、第二次近衛文麿内閣において、国民統合の組織である大政翼賛会が発足する。

しかし大政翼賛会に対しては、憲法問題と関連づけられて議論がおこった。衆議院議員の川崎克は、帝国議会以外に大政翼賛の組織が存在することは憲法の精神に反すると主張している（同前）。貴族院議員の岩田宙造は、憲法の認めない統治機関や政治運営を否定した（伊藤、二〇一五）。

最終的に平沼騏一郎内相は、一九四一年二月の第七六回帝国議会衆議院予算委員会で、大政翼賛会が治安警察法第三条にもとづく公事結社（政治活動を行わない補助的機関）であると明言し、同会を改組することで内務省の行政補助組織と位置づけて違憲問題を解決した。大政翼賛会が一切の政治活動ができなくなったことで新体制運動は頓挫し、政治力の強化も戦争終結も実現が遠のくことになる（安倍、二〇〇六、川口、二〇一七）。

第二次近衛文麿内閣の内閣制度改革論議

一九三九（昭和一四）年九月にドイツのポーランド侵攻から始まった欧州大戦は、翌年五月にドイツがオランダを降伏させ、六月にはフランスのパリを陥落させるなど、躍進を続けた。この蘭仏は東南アジアに植民地を保有しているため、帰属問題が発生する。日本も外交姿勢を確定する必要が生じ、そのための政治体制の整備が求められていった（伊藤、二〇一五）。

近衛文麿は自身の第二次内閣の発足にあたって、一九四〇年七月一九日に私邸荻外荘《てきがいそう》で会談を開催し（荻窪会談。参加者は近衛のほか、閣僚予定者である東条英機〈陸相〉、吉田善吾〈海相〉、松岡洋右〈外相〉）、戦時経済政策の強化のために政府が一元的に指導することや、政治の大方針を策定審議する首相直属の機関を設置することを確認した（雨宮、一九九七）。ただ、行政機構改革については、陸海軍で温度差が生じていた。陸軍は国務大臣と行政長官の分離を提起したが、海軍は①各省の上に「府」（仮称）を設置する、②各省大臣の権限を拡大する、ことによって、各省の割拠性を克服する国家システムの構築を念頭に置いていた。

これ以降、さまざまな研究が進められていく。企画院は首相が強力な権限を発動できる国家システムの構築を考慮し、「内閣官制改正要綱（案）」で内閣職権に近い表現を使用している。国策研究会も、行政各部に対する首相の指導力強化や、内閣の補佐機関である総務庁・経済参謀本部・人事庁の設置を提起した。しかし、いずれも構想の域から出ることはなかった。

内閣参議の運営も順調とはいいがたく、第二次近衛内閣期に秋田清は、阿部信行内閣と交わした覚書同様、参議（会）の意思が政治に反映され、かつ参議が政治に与えた影響を把握できるように、近衛首相と三ヵ条の覚書を交わした。

しかし近衛は、参議を意図的に忌避していた可能性が高い。彼は組閣後、辞表を提出していた米内光政前内閣の参議をしばらく引き留め、天皇にも参議制の運営に関する説明を行わなかった。そのことに天皇は不信感をつのらせていた。

この近衛の行動には、日独伊三国同盟を滞りなく締結させるため、参議の献策を排除する目的があったと考えられる。新参議の任命は、新体制の見通しがつき、かつ三国同盟が締結された後であった。参議の池田成彬は、提言を行う権利があるはずの参議がないがしろにされたと不満を抱いている。内閣の政策を邪魔する存在とみられるまでになったことが、参議の政治関与を一層困難なものにしたといえよう。そのようななか、内閣機能強化の新たな方策とされたのが無任所相の設置であった（以上は関口、二〇一六）。

近衛は枢密院の委員会で、国策樹立に専念する国務大臣の規程を設けたと説明している。国政の運営が困難ゆえ、無任所相を活用して天皇大権の輔弼に遺漏のないよう努める必要性を認識するに至ったのである。そこで内閣官制に補充規程を設け、各省大臣以外に国務大臣として内閣員に列せるものは親任官で三人以内設置できるようにした（増田、二〇〇五）。

内閣官房では想定問答まで作成している。内閣官制第一〇条の解釈については、国務大臣としての無任所相の地位を明確にし第一〇条の活用をはかるとする。各省長官を兼任する国務大臣と同じ職責であるともした。法律および勅令などには「国務大臣何某」と副署するとし、無任所相を兼務する星《ほし》野直樹《のなおき》企画院総裁も副署できるとしている。国務大臣と行政長官を分離させる意図はあるかという問いに近衛は、当面は無任所相の設置と活用で対応するとし、少数閣僚制の導入も否定した。

無任所相に対する賛否両論

作成時期は特定できないが、衆議院事務局でまとめた「無任所大臣に関する諸学者の見解」も確認しておきたい（同前）。

上杉慎吉《うえすぎしんきち》『新稿憲法述義』は、たとえ無任所相の設置が認められても国務大臣と各省長官の兼任が常態であると指摘する。『帝国憲法逐条講義』でも、行政長官に任命されない国務大臣では、大臣の責任が空になってしまうと懸念を示した。美濃部達吉『逐条憲法精義』も兼任制を前提に難色を示し、『憲法撮要』でも設置例はきわめて少ないと否定的である。

清水澄《しみずとおる》『逐条帝国憲法講義』は、無任所相の設置は外国の先例、内閣官制の規定、過去の日本での事例から問題ないとする。穂積八束『皇族講話会に於ける帝国憲法講義　後篇』も設置に抵抗感を示さず、国務大臣と行政長官を別に設置することを容認している。野村淳治《のむらじゅんじ》『憲法講義』は、国務大臣ではない行政長官の設置も問題なしとした。

それに対して、副島義一『内閣制論』は、国務大臣の資格をもたない行政長官の設置を否定している。省務に責任をもつ立場なら閣僚として説明責任がともなうからである。『内閣制論Ⅱ』では、国務大臣と行政長官を分離すると政治の方針と実行の間に扞格《かんかく》（食い違い）がうまれて多くの欠陥を誘発する恐れがあると警鐘を鳴らしている。逆に行政長官ではない国務大臣、つまり無任所相の設置は問題ないと解釈する。

佐々木惣一『日本憲法要論』は国務大臣と行政長官の分離は基本的に可能であるが、無任所相の設置は例外的なものとする。宮沢俊義『憲法講義案』は設置可能であることを前提とし、金森徳次郎『帝国憲法要綱』も国務大臣と行政長官の兼任を絶対的なかたちとしていない。

宇賀田順三《うがたじゅんぞう》『法律学辞典　第一巻』は、太政官制下で参議と省卿だったものが、内閣制度では国務大臣と行政長官に変化したという経緯を確認する。つづいて、国務大臣が憲法上の機関であるのに対し、行政長官は官制上の機関であり、両者は職務についても異なるため、国務大臣と行政長官のどちらかが欠けても設置は可能と結論づけた。政治学者で政治家の堀眞琴は、参議省卿の兼任・分離の繰り返しをあらため、内閣制度で原則兼任にしたと説明し、この理解にしたがえば無任所相の設置は原則に反すると述べている。衆議院事務局がこうした調査を集中的に行っているのは、無任所相の存在が天皇への輔弼責任と絡む問題であり、憲法問題という認識があるからだろう。

実際には第二次近衛文麿内閣期の一九四〇（昭和一五）年一一月三一日、近衛は平沼騏一郎に対して、副総理格での無任所相の就任を要請した。一二月六日には内閣官制第一〇条の規定によって三人以内の無任所相を置くことができるように勅令が公布され、同日に平沼は入閣している。ほどなくして彼は内相に転じ、二七日の第三回大本営政府連絡懇談会（後述）から出席することになった（萩原、二〇一六）。平沼のほかには、星野直樹が企画院総裁を兼務するかたちで無任所相に就任した。

星野の就任により総裁の大臣化が実現し、企画院総裁は首相のブレーン機能と大臣の発言権をもつことになった。近衛が企画院を重視したことと、企画院の担う総動員計画の範囲と規模が拡大したことがその背景にある。一九四一年三月には国家総動員法が大幅に改正され、企画院の業務も増大した（小川原、二〇一〇）。

平沼と星野以降、任用された無任所相のうち、一九四一年四月就任の小倉正恒の役割は経済関係に限定されたものであったと考えられる。小倉の得意分野で手腕を発揮させる意図が垣間見られよう。無任所相の多様な役割を示す一例といえる（関口、二〇一六）。

3　政戦両略の一致への努力

大本営政府連絡会議の復活

第二次近衛文麿内閣期に行政機構改革の検討が積極的に進められたことは先にふれた。そのなかで行政の統一をはかる策として、陸軍省調査部は、首相の権限強化や企画院の拡充強化を提起している。ただ、人事・予算・行政監察・情報に関する機関を一つの機関内に設置してどの程度の権能を与えるかや、既存官庁との関係など、課題も多いとした。

省庁再編については、陸海軍省を統合した国防省（軍務省）の可否、内務省の警察行政と司法省の検察行政を統一した治安省（警察省）案の合理性、文部省の教育・学術行政をさらに活発化させる文化省（文政省）案の機構的な問題、などが指摘されている。経済省（産業省）、交通省、外政省、内政省（地方省）などの新設も検討された。省庁の統合で少数閣僚制を実現し、国家の意思決定を迅速化させる狙いであろう。

一方、軍令機関との関係では、近衛が国務との一元的調和による戦争処理を念頭に置いている。「陸軍方面」も、①大本営政府連絡会議の復活強化案、②大本営の最高幕僚会議に首相・外相・蔵相を出席させる案、③内閣と大本営とは別に新国防会議を設ける案、などを検討していた（雨宮、一九九七）。

このなかで一九四〇（昭和一五）年七月一九日に開催された陸軍首脳による会議は、大本営政府連絡会議を復活強化し、会議を頻繁に開催することを基本方針とした。同日の荻窪会談では大本営政府連絡会議の復活強化が選択されている。また日露戦争時のように、首相の大本営会議への列席もあり得るとした（『大朝』一九四〇年七月二〇日付夕刊）。ただ翌日には、軍令部内で大本営改革が検討されている。これは、国防部のなかに統帥部と国策部を並置し、両統帥部長が統帥部を、首相が国策部を統轄することで、大本営の最高戦争指導機関化を狙う構想であった（荒邦、二〇一四・三）。

しかし結局、近衛内閣は七月二七日大本営政府連絡会議を二年半ぶりに復活させた。大本営政府連絡会議は実質的な戦争指導の最高意思決定機関であり、これまで閣議や五相会議で国策を審議し、統帥部との調整は陸海相の責任としていたのを、政府と統帥部が直接相対することとしたのである（田中、一九七四・六）。企画院では天皇親臨のもとで週一回開催することが提議されており、さらに望ましい会議運営を模索する様子がうかがえる（関口、二〇一六）。

国策の原案作成は陸軍省・海軍省・外務省の部課長クラスが担当した。その後、部局長レベルで省と統帥部の調整を行い、大本営政府連絡会議へかけられる。会議にあがる国策案は、関係者の調整がほぼ済んだ状態のものであった（NHK取材班、二〇一二）。また、五相会議のような特定閣僚会議よりも連絡会議形式の方が、下僚の作成文を会議出席者が代読する形式性は強くなる（加藤、二〇一五）。

七月二七日の大本営政府連絡会議で決定された「世界情勢ノ推移ニ伴フ時局処理要綱」は、日中戦争の解決促進と好機の南方問題の解決を盛り込んだものであり、九月には北部仏印（フランス領インドシナの北部）へと進駐した（纐纈、二〇〇五、森山、二〇一六）。翌年六月二二日にドイツとソ連の全面戦争が勃発すると、陸軍の「北進論」と海軍の「南進論」を反映させた併記案が大本営政府連絡会議に提出され、七月二日に「情勢ノ推移ニ伴フ帝国国策要綱」が決定されている。これは外交交渉・北進・南進すべてを含む総花的な内容であった（NHK取材班、二〇一二）。

大本営政府連絡懇談会の設置

東南アジアへの進出が現実的になると、軍部は軍事と外交の調整をさらに強く求めるようになった（森、二〇〇七）。そこで大本営政府連絡会議の強化が目指され、一九四〇（昭和一五）年一一月二六日に統帥部からの申し出によって、大本営政府連絡懇談会が首相官邸に設置されている。出席者は、政府側が首相・陸海相・外相、大本営側が両統帥部長と次長であり、幹事は内閣書記官長と両軍の軍務局長がつとめた。連絡懇談会は定例的に開催され、決定事項は閣議決定以上の効力をもつものとされた。政府と軍の協議によって決定する重要国策は、連絡懇談会と御前会議で最終決定することになった（小川原、二〇一〇）。

しかし、軍の影響力の濃い大本営政府連絡懇談会に政府が取り込まれたことは問題であった（纐纈、二〇一二・八）。また、連絡懇談会には法的根拠や拘束力はなく、正式な決定とするには閣議決定が必要である。閣議では連絡懇談会の決定事項から、統帥事項を除外したものが審議決定された（森山、二〇一六）。

第三次近衛文麿内閣にかわった一九四一年七月二一日には、大本営政府連絡懇談会の廃止にともない大本営政府連絡会議が毎週木曜日に開催されることとなっている。月・水・木曜日の大本営政府情報交換会の開催も決定された。これには首相・陸海相・両統帥部長・外相・平沼騏一郎無任所相・鈴木貞一無任所相兼企画院総裁が出席し、内閣書記官長と両軍軍務局長が幹事を、参謀本部第二部長・軍令部第三部長・外務省関係局長が情報の開示と説明を行うことになった（森松、二〇一三）。

陸海軍との連絡調整については、外相をつとめた有田八郎に対し近衛が、中堅層以下に対する統制への不安を吐露している。大本営政府連絡会議で議論が割れても首相に裁定権はなく、会議が決裂すれば、内閣は総辞職するほかなかったことも、近衛を不安にさせたと思われる（NHK取材班、二〇一二）。一九四一年六月の独ソ開戦を機に、陸海軍統帥の統合や、大本営に首相以下の特定の国務大臣を含めて国務・統帥統合の府とする案が浮上したが、統帥部の反対で実現しなかった（森松、二〇一三）。連絡会議を設けても、内閣は指導的な立場で方針を一本化することはできなかったのである（森山、二〇一二）。既に軍は北部に続いて南部仏印に進駐し、アメリカは日本に対する石油の全面禁輸などの制裁を発動していた。

一九四一年八月三〇日には、一六日に海軍が陸軍へ提示していた「帝国国策遂行方針」の名前が「帝国国策遂行要領」に改められ、一〇月上旬までに外交交渉がまとまらなかった場合は戦争を決意することが盛り込まれた。近衛とルーズヴェルト大統領の巨頭会談が企画されたものの、米側は政府と陸海軍の行動が一致しないことに不安を抱いており、横山一郎海軍武官が大臣や総長クラスを派遣するよう求めている（森山、二〇一二、二〇一六）。

九月三日に大本営政府連絡会議は、御前会議に提案する国策の原案を承認した。ここで陸海軍案の一部修正されたものが五日に閣議決定され、翌日の御前会議は、閣議決定された「帝国国策遂行要領」を承認した（川田、二〇一一）。一一月には開戦決意に先立って大本営の作戦命令が下達され、連合艦隊・南方軍ともに作戦行動を開始する（大江、一九九一）。

一一月二六日、連合艦隊はハワイの真珠湾にむけて移動を開始した。日米交渉の進展によっては引き返すことも含んでいたが、米側が中国及び仏印からの即時全面撤退などの条件からなる「ハル・ノート」を提示したため、大本営政府連絡会議は交渉打ち切りで一致した（NHK取材班、二〇一二）。二七日決定の「宣戦ニ関スル事務手続順序ニ付テ」では、開戦の意思決定は御前会議で行うと規定しており、議案は連絡会議で決定し、閣議はそれを追認するにすぎなかった。対米開戦を決定する時点ですでに大本営が設置されていたため、日露戦争とは異なり、戦略優先の開戦決意となったのである（大江、一九九一）。

戦時行政職権特例の制定

一九四三（昭和一八）年ごろになると戦況の悪化は甚だしく、国内では重光《しげみつ》葵《まもる》外相が大本営政府連絡会議の運営に不満を漏らしていた。外務省の管轄事項であっても、戦略にかかわるという理由で軍が主導権を握っていたからである。重光は閣議についても、軍が外交を論じることを批判している。内閣・陸軍・外務省の業務分担の不明確さが、閣内一致を妨げていた。

その一方で、外務省政務局に所属していた加瀬俊一は、大本営政府連絡会議で検討すべき戦争指導上の諸問題を「連絡会議事務局」が事前に洗い出し、計画の立案を下支えしていたことを示唆している。ときには国務・統帥両事項の調整まで行っており、陸海軍省、参謀本部、軍令部、企画院などの所属者が対等に意見を交わしていたようである。

以上から、「連絡会議事務局」による調整が順調であるのに対して、連絡会議になると対立が表面化するという傾向が読み取れよう。陸軍による外交事項への介入がもたらした根は深く、それゆえに事前検討の効果も薄れていったのだと思われる（以上は関口、二〇一六）。

また連絡会議の問題点は、誰も反対できないような玉虫色の国策決定にもある。意思決定に際して「非（避）決定」や「両論併記」が適用されたため、明確かつ強力な決定は不可能であった（森山、二〇一二、二〇一六）。そのようななか東条英機首相は、大本営政府連絡会議の合意事項をただちに天皇へ奏し、閣議では形式的に決定することで、内閣への指導力を強化しようとしている（森、二〇〇七）。

さらに東条内閣は、国防国家体制の構築を目指した行政機構改革の一つとして首相への権限集中策

東条英機

の検討も進めた。一九四三年三月一八日には戦時行政職権特例を公布し、①鉄鋼・石炭・軽金属・船舶・航空機の生産拡充に関して首相が関係各大臣に指示する、②物資の資材・資金などに関する各大臣の職権を首相が行使する、③首相が本来所管する官庁以外にその職務を担わせる、ことなどが可能となった（小川原、二〇一〇）。

東条は、首相の指示は各省の行政長官の職権に対するものであり、指示には従うべきと述べている。首相に強力な権限を付与することで行政と産業の一元化をはかり、重要軍需生産の飛躍的な増産を実現させようとしたのであった。首相は各省大臣の上級官庁となり、事務遂行のための内閣調査官も設置された（『読売報知』一九四三年二月二〇日付、同前）。一一月一日に首相の指示権の範囲が拡大された際、行政学者の辻清明は、内閣の統制力が高まったと評価している（荒邦、二〇一四、三）。

ただ、指示権の問題については、阿部信行内閣期に「国家総動員法等ノ施行ノ統轄ニ関スル件」に対して違憲論が唱えられていたことから（『読売報知』一九四三年二月二〇日付）、今回の戦時行政職権特例が首相の強力な指導力を規定したことで、憲法第五五条の国務大臣単独輔弼責任制との兼ね合いから批判を呼び込む危険性も生じた（荒邦、二〇一四・三）。のちの話だが、一九四五年六月の第八七回帝国議会では、同じく首相に権限を集中させる戦時緊急措置法案に違憲の疑いがかけられている（川口、二〇一七）。いずれも憲法問題からは逃れることができなかった。

内閣委員及各省委員設置制と内閣顧問の設置

東条英機内閣による内閣機能強化の取り組みとしては、一九四二（昭和一七）年六月に内閣委員及各省委員設置制が導入されている。帝国議会議員および学識経験者から選定され、内閣に内閣委員が、陸海軍省を除く各省に各省委員が任命された。以後、議会と国民の協力体制の強化と、行政事務への民意の反映に期待がかけられていく。帝国議会開会の間が活動の中心であった政務官とは異なり（古川、二〇〇一）、対満事務局などとの定例会合や技術院との情報交換を交えつつ職務が遂行されていった。

また、内閣は委員に対し、国務・統帥両事項の調整まで期待している。しかし、統帥に関して得られる情報が制限されたため、委員の活動は制約を受けることとなった。委員が陸海軍省に設置されなかったのは、軍務に立ち入ることを拒む意図が軍側にあったからだろう（以上は関口、二〇一六）。

一九四四年七月になると参与委員制が新たに運用を開始し、内閣および各省（陸海軍を除く）に参与委員が配置された。その後、小磯国昭内閣にかけて、帝国議会議員が携わる職のうち、参与委員と政務官のどちらを運用する方が効果的かが検討されていく。さらに、後述するように、当時は内閣顧問という首相の補佐機関も存在し、こちらは経済に通じた実業家が多くを占めていた。小磯内閣が政務官の運用を復活させる動きをみせ、かつ内閣顧問の職務範囲を経済に限定されないものへと拡大させていくことで、参与委員制の存廃を視野に入れた議論が生まれていったのであろう（以上は同前）。結果として小磯内閣は政務官の運用を復活させ、参与委員制も存続させた。ただ参与委員は当分任用しないこととしている。政務官の論議とそのポストをめぐる人的配置の検討をみる限り、上記の存廃論議が帝国議会側による勢力伸張の手段として利用された観は否めない（大木、一九六九、同前）。

一九四三年三月に導入された内閣顧問は、首相の補佐機関である。物資の生産拡充などの戦時経済運営に関する首相の顧問的な役割を担い、首相への献策や国務大臣を介した省務への関与が期待された。内閣参議制は廃止されている（小川原、二〇一〇）。

内閣顧問と同時に設置された戦時経済協議会は、首相の諮問に対して内閣顧問と国務各大臣が連携し、閣内の連絡にあたるための組織である。当初は、内閣顧問会議とは別に運営される予定が、内閣顧問会議が戦時経済協議会を兼ねることになったようである。また東条は、国務・統帥両機関の連絡を重視し、戦時経済協議会の幹事に陸海軍省の軍務局長を据えた。ただ協議会は、戦時経済に関する国務機関の関係者との意見交換にとどまり、統帥機関との調整は東条や嶋田繁太郎《しまだしげたろう》海相が担ったと考えられる。

その後、東条は、軍需省の設置にともない、新しく選定する内閣顧問には、これまでとは別の目的を与えようと考えていった（以上は関口、二〇一六）。軍需省は、国家総動員計画の検討、鉱工業に関する事項、航空機生産の関連事項などを担うため、一九四三年一一月に設置された機関である（小川原、二〇一〇）。東条は内閣顧問の献策内容の幅を広げることに興味を抱いたようだが、実現には至らなかった（関口、二〇一六）。

東条英機首相による参謀総長の兼任

このように東条英機内閣は、内閣および首相の機能強化を実現するためのさまざまな措置を実行に移した。そのきわめつきは、東条首相による参謀総長の兼任であろう。

一九四四（昭和一九）年はじめ、アルミニウムの配分をめぐる航空機問題が陸海軍で起った。それをきっかけに秦彦三郎《はたひこさぶろう》参謀次長は、陸軍省と海軍省を統合して国防省を設置する案と、両大臣・両総長をそれぞれ一人とする案を検討している（森松、二〇一三）。

結果的に東条は二月二一日、参謀総長である杉山元《すぎやまはじめ》の反対を押し切り、陸相と軍需相にくわえて、参謀総長も兼任した。嶋田繁太郎海相も軍令部総長を兼任し、両統帥部次長は総長補佐のため二人となった。国務・統帥両機関の長を人的に一体化することで、内閣の統合力の強化をはかる狙いである（小川原、二〇一〇、森松、二〇一三）。しかし東条自ら、海軍の実力に関して一回も説明を受けたことがないと語っているように、自身の職掌以外に介入することはできなかった（戸部、一九九八）。

また兼任には多方面からの批判がみられ、違憲という見方もあった。法学者の大石義雄は国防国家の建設は認めるが、憲法からの逸脱は不可であると主張し、同じく法学者の井上孚麿《いのうえたかまろ》は権力の独占と批判している。天皇は高松宮宣仁《たかまつのみやのぶひと》の反対を抑えて兼任を認めたものの、最良の策とは思っていなかったようである。そのほか、陸軍軍務局長の佐藤賢了は統帥権の独立を人事でふみにじる行為と批判するなど（川口、二〇一七）、兼任は反東条の動きを招き、戦局悪化も加わって内閣への不信感が拡大した。

一九四四年七月にサイパン島が陥落し、日本本土への危険性が増大すると、一三日に東条は、内閣改造、大本営の強化、閣議の刷新、重臣（枢密院議長および首相の前官礼遇を受けた者）の協力獲得などを企図する。その際、木戸幸一内大臣は、大臣と総長の分離、海相の更迭、重臣の入閣による挙国一致内閣の構築を要求した（森松、二〇一三）。

木戸の要求を受けた東条は、一七日に天皇へ内閣改造案を奏上するとともに、無任所相の岸信介《きしのぶすけ》を辞職させ、かわりに重臣を入閣させようと動いていく。参謀総長と軍令部総長の上に幕僚長を設けるという大本営の強化構想もみられた（鈴木、二〇一一）。

また森山鋭一《もりやまえいいち》法制局長官や星野直樹内閣書記官長は、首相の補佐機関の見直しに着手している。しかしその見直しは、臨時内閣参議官制の部分的な修正にとどまるものであり、きわめて短期間で検討されたことが想像できる。たとえば「臨時内閣参議官制」が「内閣参議臨時設置制」と修正され、条文についても「支那事変」を「大東亜戦争」と変えるだけの対応であった。

この見直しでは、重臣やほかの国務大臣を参議に任命することを想定している。内閣顧問は、経済関係を担わせるかたちで併存させるともした。大本営政府連絡会議の強化のため、米内光政と阿部信行を無任所相として入閣させようと考えていたことをあわせ考えると（古川、二〇〇二）、参議制の復活は、首相の補佐機関を充実させること以上に、無任所相以外でも重臣を活用することによって、木戸の示した条件にこたえる意味が強いものであったといえよう。「参議」という名称復活の背景には、太政官制期の職名を使用することで、重臣の活用に権威を付与する狙いがあったのではないだろうか。ただこうした準備も中途半端なものに終わり、東条内閣は総辞職した。

東条は集権化を最大限に効果的なものとするため、農商省・運輸通信省・大東亜省・軍需省といった行政機関の再編を積極的に進め、軍需相や内相を兼任した（増田、二〇〇五）。また前述したように、嶋田とともに軍部大臣と統帥部長を兼任した。他方で大東亜省の設置をめぐっては、東条と東郷茂徳外相が対立し、内閣総辞職の恐れを招いた。両軍の結束が困難であり続けたこと、閣内の対立、天皇と木戸の支持を失うことで政権が揺らぎ総辞職にいたったことは、「東条独裁」や軍部独裁という評価を考え直す際に重要である（纐纈、二〇〇五）。

最高戦争指導会議の設置

東条英機内閣末期には、重臣の岡田啓介らによって嶋田繁太郎海相の更迭《こうてつ》運動が展開されたが、これは、海軍を主体とする決戦体制の強化を目ざす運動であり、次の内閣が和平内閣になることはなかった（鈴木、二〇一一、手嶋、二〇一三、畑野、二〇一三）。

一九四四（昭和一九）年七月、小磯国昭と米内光政に大命が降下（天皇が組閣を命じる行為）すると、小磯は陸海軍に対して首相の大本営列席を要望している。しかし軍が反対したため、八月、戦争指導の根本方針の策定と政戦両略の吻合調整を目的として、大本営政府連絡会議を廃止し最高戦争指導会議が設置されることになった。

この措置によって、会議の決定事項が効力をもつには構成員全員の出席が必要となり、幹事抜きの開催も可とされた。安倍源基《あべげんき》（鈴木貫太郎内閣の内相）は後年、大本営政府連絡会議を「不連絡会議」と揶揄しているが、この「不連絡」を解決すべく、小磯は会議での自由闊達な議論や不必要な対立を回避する取り組みを行っていく。大本営と政府が定例的に情報を交換する「大本営、政府情報交換」も立ちあげられた。

一〇月一一日の枢密院では、内閣顧問と内閣政策局（総合国力の拡充運用に関する重要事項の企画、各庁事務の調整統一などを担う機関。のちの綜合計画局）に関する審査委員会が開かれている。この場で枢密顧問官の林頼三郎《はやしらいざぶろう》が最高戦争指導会議の質問を行った。

林は、国務・統帥両機関が互いに制約を受けるのではないかと尋ねている。田中武雄内閣書記官長は、会議で意見をたたかわすことはないと答え、統帥機関は国務について参考意見を述べるのみで干渉はしていないと語る場面もあった。林はさらに、大本営政府連絡会議と本質的・法律的に異なる点を追及している。田中はこれまで会議決定が施策に移されることは少なかったが、最高戦争指導会議で論議を活発に行うことができると説明した。

つぎに小磯首相の答弁をみたい。林は最高戦争指導会議で議論すべき事柄と決定事項の効力を質問した。憲法で保証されている国務大臣の輔弼機能が、最高戦争指導会議にとってかわるという懸念があるのだろう。対して小磯は、閣議にはからないと決定がむずかしいものは閣議を開催してから最高戦争指導会議に出席するため、憲法には違反しないと述べている。続いて林は小磯に対しても、国務・統帥両機関が干渉し合う可能性を質問した。小磯は、情報会議（「大本営、政府情報交換」のことと思われる）が別に開催されていることと、国務機関側は「〇〇〇してはどうかと思う」という発言のしかたをしていると応じた。

ちなみに戦後、大本営政府連絡会議と最高戦争指導会議の性格について第一復員局がまとめた史料では、運営要領に若干の変更はあるが性格は変化しておらず、閣議のように法制的に規定された機関ではないと説明されている。決定事項に関しては、①首相は閣議にあげ、両総長は個別に処理する。②重要なものは上奏裁可を経るとした。上奏は首相と両総長の連署で行われるが、共同責任を意味するものではないとも補足した。

枢密院審議と同じころ、軍令部出仕兼海軍大学校研究部員という地位にあった高木惣吉は、最高戦争指導会議の運営には手をくわえず、大本営を中心とする一元的な戦争指導体制の構築を構想している。一方で参謀本部第一部長の宮崎周一は、統帥機関がまとまっておらず、さらには最高戦争指導機関が不在であることを問題視していた。陸軍省軍務局長の真田《さなだ》穣一郎《じょういちろう》は、陸海軍省の統一を目指している（関口、二〇一六）。

ただ陸海軍は、同一場所の勤務でさえ困難な状況であった。畑俊六元帥は後年、陸軍の発意によって統帥部だけでも同一場所で勤務するよう提案したが、海軍が反対したと回想している。一九四五年三月に天皇自ら陸海軍を「一所」にすべきとの意思をあらわしても、実現には至らなかった。

結局、最高戦争指導会議の設置後も政府と大本営の緊密な連携は実現できず、一九四四年一二月一九日、レイテ決戦の方針転換を小磯首相に知らされないという事態が起る。小磯は不満を抱き、翌年三月に首相の大本営列席と、大本営での戦争指導の実施を提案した（森松、二〇一三）。三月一六日には小磯・梅津美治郎参謀総長・及川古四郎《おいかわこしろう》軍令部総長が大本営への首相列席を併立上奏し、作戦の状況を細かくみきわめ、戦争指導の議に列するようにとの言葉を天皇から賜った。その結果、大本営への首相列席は特旨で裁可を受けた。

ただ、四月五日に小磯内閣は、蔣介石の国民政府との和平工作（繆斌《みようひん》工作）で天皇や杉山元陸相、米内海相、重光葵外相の信任が得られず、総辞職する。七日に発足した鈴木貫太郎内閣でも、一九日に鈴木首相が大本営への列席を特旨によって受けているが、積極的に運用されたかは不明である（北、一九九四、森松、二〇一三）。

首相の補佐機関の再検討

小磯国昭内閣では、首相の補佐機関の刷新も検討されていった。一九四四（昭和一九）年八月一八日の案は東条英機内閣末期と同様に内閣参議制を意識したものといえ、既設の内閣顧問制を廃止し、新たな内閣顧問は国務大臣の礼遇を受けるとしている。無任所相との業務のすみ分けが考慮されているのは新しい着眼点といえる。

翌日の案でも、現在の内閣顧問制を変更して、活動範囲を拡大しようとしている。「内閣諮議委員」という職名がみられるが、「、、、」と伏字になっている個所もあるので、まだ確定していないと考えてよいだろう。さらにその翌日には「内閣諮議委員臨時設置制」案が出てきている。しかし内閣諮議委員の職務に幅をもたせたり限定させたりするなど一定しない。

九月一八日の「内閣諮議委員設置要綱」では、庶務を担う官庁や定員などが定まっている。「内閣諮議委員」に能動的な役割を与えるという方針も明確に示された。史料の欄外に「内閣顧問ノ「サブ」的小型ノ内閣審議会」という書き込みがみえることから、「内閣諮議委員」が内閣顧問の補佐的な機関を目指していることが読み取れよう。

一方で、作成時期が不明な史料では、「内閣諮議委員」という名称ではなく、「顧問」という従来の呼び方が使用されている。国務大臣は天皇の輔弼を担い、内閣顧問は内閣の政策に益する献策を行うというすみ分けが確認され、当時、内閣顧問に任ぜられていた者からの要望も紹介されている。別の史料では、内閣顧問の意見が最高戦争指導会議にも影響を与えることと、会議での決定事項を国務に移す場合は補佐を担わせることも記されている。最高戦争指導会議に反映される「国力ノ判定」などは、内閣顧問が検討のうえ策案したものを提出することがあるともした。これまでよりも深く、内閣顧問を国策の形成と決定に関わらせようという方針が垣間見られる。

内閣顧問の設置にあたって内閣書記官長用に作成された想定問答では、内閣顧問を首相の行政上の補助機関と位置づけ、天皇への輔弼責任とは無関係としている。ただ、首相を介して輔弼に影響を与えることはあるとし、最高戦争指導会議への影響力も示唆している。国務大臣以外に輔弼者を設けるという憲法違反への疑義を、内閣側がことさら懸念している様子が窺えよう。さらに、参議や無任所相との違いを説明することで、内閣顧問の職責を一層明確にしている。内閣政策局との関連については、内閣顧問とともに首相を補助することで、政務運営の適正化を実現させるという目的を答えとして用意している。

以上から、内閣顧問が国政へ直接影響を与える存在ではなく、輔弼の責任も負わないことを徹底的に説明する姿勢が感じられる。首相の判断力の底あげをはかるという目的も明確に打ち出された。さまざまな情報が首相に一元化され、その情報が国家意思決定に反映されていく過程を理想と考えていることがわかる。

内閣顧問の設置

こうした想定問答が準備されたうえで、一九四四（昭和一九）年一〇月一一日、枢密院の内閣顧問及政策局関係審査委員会で審査が行われた。

枢密顧問官の奈良武次は、内閣政策局の設置によって内閣の威信が低下するのではないかと疑問を投げかけた。それに対して小磯国昭首相は、一九四三年一一月に設置された首相の補佐機関である参事官では万全でないため、これを強化させたのが内閣政策局であると説明した。それでも奈良は、平時にも置かれれば内閣の交代とは関係なく政策が持続することになるため、各省の業務に支障が生じると指摘している。小磯は、内閣政策局が首相の補佐機関であることを強調し、奈良の懸念を払拭しようと努めた。

内閣政策局によって閣内統合力が強化されるのかも、枢密顧問官の関心事であった。その証拠に、閣内に内閣政策局を置くことで統合力の底あげが可能なのかを気にしている。各省間の調整を担う内閣書記官長と内閣政策局の関係も質問された。これらに対して内閣側は、各省が委縮しないように内閣政策局を大規模な機関にはしないことと、内閣書記官長ではない者が調整を担うことへの理解を求めている。内閣書記官長や参事官の活動に加えて閣議と最高戦争指導会議の活用にふれたりするなど、懸命な説得を行った。

軍需省の総動員関係事務との関わりも重要であった。内閣政策局が各省の調整を担い、強力な国策決定を支える以上、避けては通れない論点である。内閣側は、内閣政策局が中心となって総動員関係事務を行うことに否定的な態度を示しつつ、統帥事項と関連のある軽微なものについては内閣で決定し、軍需省の業務に反映させるとした。

他方、内閣顧問の役割については、任用範囲を経済中心から国政一般へ拡大したことに対して、政務官との兼ね合いが問題とされた。潮恵之輔は、政務官の任用範囲を広げたり、参政官のような制度を設けたりすることを提案している。

一〇月二五日には枢密院本会議で審査が行われている。石井菊次郎《いしいきくじろう》は、新たな内閣顧問制を設ける理由を質問した。既存の内閣顧問制の勅令の改正で対応可能との考えからである。法制局長官の三浦《みうら》一雄《くにお》は、現制度は戦時行政職権特例の運用を視野に入れたものであり、さらに思想問題などに対処するため新設が必要と答えた。その後、深井英五《ふかいえいご》からは、国政一般の運営を意識するよう注意があり、伊沢多喜男《いざわたきお》からは内閣顧問の身分や任用範囲に関する確認がなされた。

以上の審査を経て、内閣顧問制の職掌範囲が戦時経済だけではなく、政治、経済、文化、思想などにも対象が及ぶことになった。史料には、戦局の悪化をうけて国政運営が複雑になってきているため、首相の補佐機構の一層の整備をはかるという刷新意図が明記されている。

では実際の運用だが、まず、内閣顧問会議の開催形態が見直され、毎週金曜日の午後二時に首相官邸へ参集し、各省関係官からの戦力拡充の事情聴取や当面の問題について意見交換を行うことになった。場合によって閣僚の出席を求めるともされた。

つぎの鈴木貫太郎内閣では開催日がさらに増やされている。毎週木、金、土曜日の午前九時から内閣顧問のみの会同を開催し、鈴木首相の出席する定例顧問会議は毎週水曜日の午後二時から開催するとされた。内閣側から与えられた課題を内閣顧問が討議し、首相に開陳するという進め方を想定しているのであろう。東条内閣期の運用形態をそのまま継承するのではなく、内閣顧問会議のテコ入れをはかった点に小磯・鈴木両内閣の独自性がある（以上は関口、二〇一六）。

行政査察と戦時査察

内閣顧問の重要な職務として、行政査察への参加も忘れてはならない。行政査察は、戦時における行政運営の適正化、特に生産力の拡充に関する重要政策の浸透具合いを査察する取り組みである。東条英機内閣以降、査察は回を重ねていった。内閣顧問は国務大臣とともに行政査察使の任命対象者とされ、生産現場の視察を行い、報告書を提出するなどして改善提案を行った（以上は関口、二〇一六、二〇一八）。

鈴木貫太郎内閣では、戦時査察制度に変更する構想が挙がっている。一九四五（昭和二〇）年六月二九日付の「戦時査察制度確立ノ件」は、生産増強中心の現制度を戦力増強、特に決戦施策の遂行・

国民の戦意昂揚《こうよう》や戦争遂行上重要な事項に拡充強化するとし、民意暢達《みんいちょうたつ》も狙うという内容である。同月には、地方のさまざまな行政を統轄する目的で、全国を八つのブロックに区切り、それぞれに地方総監府（長官は地方総監）が置かれており、本土決戦を現実的にとらえた国内整備も着々と進行していった。

戦時査察は戦時査察使と戦時査察委員が担当し、査察使は内閣に設置され、国務大臣・内閣顧問・学識経験者から選定するとされている。査察委員は各庁高等官、内閣か各省の行政委員、学識経験者から選定され、首相・各省大臣・地方総監の命令によって所管行政を査察するとされた。必要がある場合、政府は査察使に対して、首相・各省大臣・地方総監の権限を委任することができることや、民間特定者や一般から査察使に対して、査察事項に関する実情を届けることができることも盛り込まれている。

「戦時査察規程（案）」という史料にも、戦争の完遂と重要事項について、政府は戦時査察が行えるとある（官田、二〇一六）。査察使と査察委員の規定、民間の声を聴くという目的、政府が査察使に各省大臣の権限を委任できる点も概ね同じである。そのことは「戦時行政職権特例改正ノ件（案）」の第三条に、〝首相は労務・資材・動力・資産・食糧・施設及び運輸に関する行政官庁もしくは官吏の職権を自ら行い、または他の行政官庁、官吏、戦時査察規程に定める査察使・内閣及び各省行政委員に行わせることができる〟と具体的に記されている。行政委員とは一九四五年六月に参与委員制から変更された職であり、行政による査察に関与することが期待されていた（同前）。

その一方で、「巡察措置使案《じゅんさつそちし》」も検討されている。行政運営を適正に行うため巡察措置使専任を設け、さらに随時、巡察措置使を国務大臣と内閣顧問から選定するとされた。巡察措置使には、従来の行政査察ではたりない経常的にみる視点が求められたようである。また、「巡察措置使案」は基本的に行政査察の対象を拡大させるものだが、「戦時査察規程（案）」では臨戦への切迫度がさらに高くなっているという特徴がみられる。

ただ一九四五年七月に入るころには、各案が実現困難と認識されたのであろう。結局、従来の行政査察制が継続されることになった。しかしそのなかでも七月三日に「行政査察規程中改正要綱案」が検討され、行政査察使の任用範囲を学識経験者にまで拡大しようとするなど、部分的にでも、新たな規定を導入しようとの意欲が垣間見られる。

4　アジア・太平洋戦争最末期の戦争指導体制

鈴木貫太郎内閣期の最高戦争指導会議

鈴木貫太郎内閣期の政戦両略の一致については、陸軍が最高戦争指導会議を存置させる方針を示しており、政府と大本営の間で「戦争指導ノ根本方針」の合意を得る場という共通認識がもたれた。両機関の意思確定は陸海相が担当することや、定例的に開催しないことも申し合わせている。会議から外相を除外する案も出たが、迫水久常内閣書記官長が難色を示したため、従前通りとなった。幹事構成員も再検討され、内閣側は陸海軍省の軍務局長ではなく、次官と次長を要求している。しかし結局、内閣書記官長、両軍軍務局長、綜合計画局長官で落ち着いた（以上は森松、二〇一三、関口、二〇一六）。

東郷茂徳外相は、議事の漏洩や議事進行の妨げの原因とみていた幹事を出席者から外すことを提起している。その結果、ソ連への和平仲介を検討するため、幹事を除いた最高戦争指導会議構成員会議（六巨頭会談）が実現し、一九四五（昭和二〇）年五月一一日から対ソ方針を模索していった。しかし、情報流出の危険性は依然として残り、阿南惟幾《あなみこれちか》陸相などは直接、吉積正雄《よしづみまさお》軍務局長に議事内容を漏らすなど、徹底されていたとはいい難い（関口、二〇一六）。

鈴木貫太郎

幹事を支える幹事補佐も、意思統一を妨げる危険性をもっていた。たとえば「今後採ルベキ戦争指導ノ基本大綱」や「世界情勢判断」の審議では、幹事補佐会議での情報共有が十分にはかられていない。特に、参謀本部戦争指導班長の経歴をもつ種村佐孝は「今後採ルベキ戦争指導ノ基本大綱」の起案者であり、幹事補佐として強引に御前会議決定まで進めようとした（江藤淳監修・栗原健、波多野澄雄編、一九八六年）。

陸海相の対立も懸案事項である。両者は意見交換をあまりしていなかったため、無任所相を中心に、首相、陸海相、無任所相による懇談会（六相懇談会）が企画されていく。当時の無任所相は桜井《さくらい》兵五郎《ひょうごろう》、左近司政三《さこんじせいぞう》、安井藤治《やすいとうじ》であり、下村宏《しもむらひろし》は情報局総裁を兼任していた。

しかし、六相懇談会から外相が除外されていることに、東郷外相が不快感をあらわした。閣議では機密が保たれないこと、また会の目的が陸海相の戦局観の調整であることから、外相の出席は不要と判断されたのだろうが、これを契機に不穏な空気が流れ始める。懇談会は一九四五年五月三一日に実現したものの、意見調整の難しさを再確認する結果となった。

重臣の政治参画を再考する向きもあった。左近司は、重臣会議の回数を増そうとする動きに疑問を投げかけている。近衛文麿元首相は、重臣たちが天皇の考えを曲解する危険性があると指摘していた。そこで左近司は、牧野伸顕のような「本当の意味の重臣」による国策決定を訴えていく。しかし重臣会議の急な廃止は困難であり、切迫した状況下では大がかりな制度改革もできないという鈴木首相の言葉が示すように、現実的とはみなされなかったと考えられる。

かわりに、最高戦争指導会議とは別の場で、東郷が出席者と個別に話をするという〝水面下の意見調整〟が実施されていった。一九四五年五月中旬ごろには補佐機関が設置されている。しかし、補佐機関を介することで陸海相の直接折衝が不足し、逆に意思疎通を妨げる結果になったようである（以上は関口、二〇一六）。

先にあげた六相懇談会のほかに、無任所相には、ほかの国務大臣の業務を補完する役割が期待された。一九四五年四月二五日付の史料には、左近司と安井に対し、輸送の確保や増強に関係がある内相、蔵相、陸海相、文相、厚相、大東亜相、農商相、軍需相、運輸通信相の権限であり、首相の定めるものを委譲すると明記されている。別の案には、新潟・直江津・酒田・船川の各港の港湾防衛の強化と港湾貨物物資の現地処理を左近司に行わせると定めている。安井にも同種の訓令が用意された。

「戦時行政職権特例改正要綱案」(一九四五年七月三日)は、戦時行政職権特例を改正して官庁の職権の一部を行政査察使に行わせることと、輸送力の増強に関する各省大臣の職権を無任所相に委譲することを保証している。首相の権限拡大を戦時行政職権特例に追加することも課題にあげられた。無任所相と行政査察使への権限委譲によって、内閣機能を強化しようという意図が窺える。

なお、一九四五年七月五日付の「戦時行政機構特例(第一試草)」では、内閣と、陸海軍省を除く各省に参事官を配置し(一九四三年に設置された参事官は翌年一一月に廃止されていた)、各局局長などの官を置かずに、参事官にその役割を担わせるなど、各行政機関の再編成を進めようとしている。ただし実現した様子はなく、すでにみたように閣内の連絡調整もままならず、鈴木内閣の意思決定は八方ふさがりに近い状態であった。

最末期の戦争指導体制

第二次世界大戦における日本の同盟国のうち、イタリアは一九四三(昭和一八)年、ドイツも一九四五年五月に降伏していた。そのような孤立状態のなか、戦争最末期にもかかわらず、行き詰まっていた政戦両略の調整を前に進めようと、大胆な構想が案出されている。それが「最高幕僚府設置要綱」であり、大蔵省の便箋に手書きで、また内閣の便箋にはタイプ打ちの「大本営設置要綱」を手書きで修正するかたちで記されていた。

大本営には国務機関側から陸海相と鈴木貫太郎首相が列席していたが、最高幕僚府案では特に勅命があった国務大臣を正式な参加者とし、首相が議長をつとめるとされている。国務機関側の参加者が統帥機関側を大きく上回ることになり、内閣の存在感を高めた最高戦争指導機関を設置する構想といえよう。しかしそうすると、最高戦争指導会議との関係が複雑になる。実際、両機関ともに大本営と政府の連絡機関であるのかという検討課題があげられた。

「最高幕僚府設置要綱」の関連メモにはインナーキャビネットを意味する書き込みがあり、かつ「作戦部　政務部」という名称もみられることから、国務・統帥の調整を担う最高戦争指導機関を目指している様子があらためて確認できる。その一方で「大東亜戦争最高参議府（院）」や「総力戦最高参議府（院）」などの名称案も列記されており、最高幕僚府を国家機関としてどの程度の位に設定しようかという迷いが垣間見られる。

他方、大本営をなくした場合、最高幕僚府が大本営の機能を全部包摂し得るのかが問われている。大本営を残すとしても最高幕僚府との関係が問題視され、大本営の存在意義が稀薄となることへの懸念もあった。以上から、最高幕僚府案が、既存の機関との役割分担までこまかくは詰められていない、急ごしらえの構想であったという印象を受ける。なお、同じころ陸軍では「陸海軍一体化構想」や「最高戦争指導府構想」によって、内閣主導の戦争指導体制の見直しを牽制する動きも起っていた（纐纈、二〇〇五）。戦争の最末期まで戦争指導体制は大きく揺らぎ続け、不安定な国家意思決定を強いられていたのである。

これまであげてきた最高戦争指導機関の再検討も首相の権限強化も、敗戦一、二ヵ月前という極限状態のなかでひねり出された構想である。戦争指導体制は末期的な症状を来しており、円滑な国家意思決定は遠のくばかりであった。一九四五年七月二六日にポツダム宣言が発表されると、日本は最高かつ最終の国家意思決定を天皇の「聖断」に依存することになるが、その直前まで戦争指導者は、先のみえない戦争指導体制の構築に取り組んでいた。彼らは対外戦と併行して、国内の主導権争いにあけくれていたのである。

その結果、戦争の最終局面で政治家は、自らの手で終戦を決定できず、「聖断」でなければ陸海軍を従わせることが不可能になった（川口、二〇一七）。終戦が「聖断」によってもたらされた事実は、明治憲法体制がもつ各勢力の割拠性の克服と、その手段としての内閣機能強化が最後まで実現できなかったことを如実に物語っている（村井、二〇〇八、小川原、二〇一〇）。

おわりに——強い内閣や首相を追求する意味

内閣機能強化の種類と傾向

本書では、新政府（明治政府）の誕生からアジア・太平洋戦争の敗戦までの、内閣機能強化の取り組みをたどってきた。太政官制下であれ内閣制度下であれ、政党内閣期であれ挙国一致内閣期であれ、平時であれ戦時であれ、内閣機能強化を求める動きはほぼ途切れなく存在した。

内閣機能強化の必要性が強く叫ばれたのは、対外的には日清・日露戦争を契機とする軍拡路線、また第一次世界大戦を契機とする総力戦概念の浸透が大きい。内閣にとって軍との関係は、自身の縄張り意識をさらに強固にさせ、主導権確保の行動を加速させた。

対内的には、政党政治や元老の政治関与が終わって以降、閣内一致が切実な課題となり、さまざまな内閣機能強化策が構想され、実践に移されていった。その多くが、大日本帝国憲法や内閣官制の改正を最大の懸案事項としたが、憲法改正は非現実的であり、実際には内閣官制の改正や、内閣側に有利となる解釈の導入が試みられた。

しかし、解釈は多義的かつ流動的なものである。海相事務管理が統帥事項に立ち入れるか否かや兵力量の決定権の所在は、国務・統帥どちらの機関の管轄とも解釈できる以上、為政者らが変われば解釈があらためられる可能性がつきまとう。実際、解釈は政争の具になり、両機関の主導権争いに利用された。

諸勢力との意見一致を行う機関としては、防務会議、外交調査会、原敬の最高委員会構想、内閣審議会など多数みられたが、内閣以外に天皇の輔弼機関を設けると解釈された時点で憲法問題に発展し、政権批判の材料となった。内閣官制の改正についても、可能とはいえ、行政機構に大きな影響を与えることは避けられない。以上の理由から内閣機能強化は、技術的に無難な措置にとどまらざるを得なかった。

そのなかで読者の皆さんは、内閣や首相が指導力を発揮した時期があったことに気づかれただろう。黒田清隆内閣期の条約改正交渉では黒田が強権をふるう場面があったし、日清・日露戦争では伊藤博文や桂太郎が戦争指導の采配をふるった。ただ他方で、黒田内閣は藩閥勢力の影響力を無視できず、日清戦争時には山県有朋らの出征軍が統制を乱す危険性もあり、内閣機能強化への意識が完全に失われていたわけでもない。

本書では、弱い内閣を強い内閣に転化させることだけを内閣機能強化とはとらえていない。内閣の安定的な運営を維持継続していく力、また積極的な強化へと発展させる力も内閣機能強化の範疇と理解する。そう考えると、近代の内閣は、内閣機能強化の手を決して緩めていないことがわかる。

制度と運用のバランス

内閣機能強化の実態は、制度を追うだけではみえてこない。伊藤のように指導力が発揮できるケースもあれば、太政官制下の三条実美のように、天皇を輔弼する立場でありながら、政府内を統率できていたか疑わしいケースもある。強い内閣や首相は、制度以外に、政治家の能力や政治環境にも左右されることを確認しておきたい。

また、強引に内閣機能強化策を進めれば、諸勢力の割拠性を強める危険性が増大する。民部大蔵省と太政官の対立のように、複数の省を統合強化しようとする策がほかの機関との対立を生み出した例もある。軍部大臣の文官制問題と、その発端となった事務管理問題では、軍は統帥権の独立の有用性を研究することで対抗した。

日中戦争以降には、国策の立案機関をめぐって内閣と陸軍の主導権争いがうまれた。大本営政府連絡会議、閣議、最高戦争指導会議の幹事補佐それぞれには、本来外務省の管轄である事項が外務省主体で扱えないという事態が発生した。強い戦争指導体制の構築を阻害するこの対立は、組織が本来もつ自己防衛意識がもたらしたものといえよう。

加えて、「最高幕僚府」「最高戦争指導府」の両案に、内閣・軍ともに自身が主導権をにぎりたいという欲求がみられる限り、両者が並列の関係で最高戦争指導を行うこと自体、現実的ではなかった。大本営の改革案は過去にも数多くみられ、幾度となく挫折してきた実現困難な案だが、あえて同じような案を考慮せざるを得ないまでに戦争最末期の発案者は追い詰められていた。それゆえ、その案の断念は、戦争遂行への絶望感を一層強く思い知らせたと想像できる。

では、国家機関の運営を行っていくうえで、内閣や首相には何が必要だったのか。人や政治環境が移り変わる以上、難しい問題だが、強力な指導力を発揮すべきときは発揮する〝統制力〟と、他勢力と協調すべきときはそちらにまわる〝調整力〟であると考える。このバランスの構築が行政運営では重要であった。しかしこれを恒常的にシステム化するのは不可能に近い。人・機関・派閥・政治環境が目まぐるしく変化していくなかでは、システム化だけではなく、そのときどきにふさわしい統制と調整のバランスを取る〝判断力〟も求められる。

過去の内閣機能強化策に対する意識

内閣機能強化策には似通ったものが多い。参議省卿分離、国務大臣と行政長官の分離、無任所相のいずれかはほぼどの時代にも登場した。権力を一所に集中させるという目的や手法で共通点があることから、過去の事例を意識しつつ継承されていったことは容易に想像できる。国家総動員法、「国家総動員法等ノ施行ノ統轄ニ関スル件」、戦時行政職権特例、戦時緊急措置法も、首相の他大臣への指示権を問題とした点で共通している。過去の類似策を再登場させるうえで、過去の策をしっかりと反省していたかがやはり重要である。

第一次近衛文麿内閣期に導入された内閣参議制は、太政官制期の参議の国政参加を意識したものであろう。東条英機内閣最末期と小磯国昭内閣初期に検討された内閣の補佐機関の見直しや、鈴木貫太郎内閣期の「最高幕僚府」案は、過去の官制に修正をくわえるつけ焼刃の対応であった。小磯内閣で最高戦争指導会議を設ける際、大本営政府連絡会議の何が問題なのかが、設置当事者すら明確につかめていない様子が垣間見られた。逆に、五相会議に代表される特定閣僚会議が連続するなかで導入された阿部信行内閣の閣議中心主義は、国家意思決定のあり方に一石を投じる画期的な取り組みだったと評価できる。

過去の類似策を振り返るよりどころの一つが、元老西園寺公望の発言である。彼は自身の政治経験にもとづき、軍部大臣武官制復活への所感を、原田熊雄に語っている。西園寺だけでなく、長老政治家から語られる回想をのちの政治家がどれほど共有し、当時の時代状況にあてはめて考えていたかは重要である。過去に対する意識が低いほど、その場しのぎの対応になり、過去と同じ過ちを犯す危険性が増大するからである。

過去を振り返るという点では、設置後、一定期間運用されていない組織の扱いも大事である。本書では小磯内閣期の政務官を例にとり、各政党員のバランスのとれた配置という点が重視されていたことにふれた。防務会議のように長く据え置かれた組織も多かった。既存の組織に新設の組織が加わることで、国家意思の形成過程は複雑になっていくため、過去の組織の要不要を的確に判断する能力は、政治家が備えるべき能力といえよう。さらに私たち現代人も同様に反省することが、近代政治を冷静に評価するうえでは重要である。

以上から、近代内閣から得るべき教訓とは、先ほど指摘した〝統制と調整のバランス〟に加えて、政治家が内閣機能強化策の成功例や失敗例を数多く反省し、のちの政治家へと継承していくことと考える。過去に対する反省の気持ちが強ければ強いほど、一過性の権力保持や権力奪取を抑制する力になるだろう。制度やそれにもとづいて設置された組織が、設置者の意図から離れてしまわないように、政治家には常に自身の行動を顧み、反省する能力が求められる。

内閣の責任

明治憲法体制やそれにともなう国家意思決定の複雑さは、極東国際軍事裁判（東京裁判）における弁護資料として、統帥権の独立や戦争指導機構などが綿密に調査されていることからも窺える。

そのなかで、明快な意思決定といえば、アジア・太平洋戦争の敗戦に際して昭和天皇が行った「聖断」である。天皇が国家意思決定の前面に出ることが珍しいなか、あえて「聖断」は行われた。では「聖断」は、政治家が終戦の決定に窮したことで急浮上した行為だったのだろうか。

天皇が直接意思を表明することの危険性は近代を通して認識されており、その認識と並行して内閣の強力な意思決定は模索された。内閣を強くしようとする試みが他勢力との軋轢を生み、それが深刻な対立に発展すればするほど、大権保持者である天皇自らの意思決定が現実味を帯びてくる。内閣機能強化は、天皇の政治責任に目をむけさせる行為でもあったといえよう。近代を通してその行為が繰り返された結果、アジア・太平洋戦争の最終局面で、戦局を打開させるほどの根本的な解決が不可能なことが決定的に確認されたのである。終戦末期だけではなく、近代を通した内閣機能強化の取り組みが権力闘争を慢性化させ、徐々に意思決定の機能不全をもたらしていった。こうした集積が天皇の「聖断」を生み出したと考えるべきではないか。天皇に国務大権や統帥大権が備わっている限り、国務機関や統帥機関による権力闘争はその範囲内で完結するものではなく、天皇による統治のあり方に影響を及ぼすものであった。

内閣機能強化を実現できず、意思決定の機能不全を招いた内閣の責任は重い。ただ、国家運営は内閣だけでなく、諸勢力とのかかわりで成立するものである。よって「内閣の責任」ではなく、「諸勢力の責任」といったほうが正確かもしれない。しかし明治憲法体制を〝責任の所在の分散〟ととらえてしまうと、内閣の責任を軽視することにつながりかねない。内閣があらゆる場面で下してきた国家としての意思決定を、他勢力の責任に帰することなくきわめて重い政治責任ととらえ、その責任に向き合うことが大事である。

現代政治への教訓として

最後に、本書で得られた教訓をもとに、現代政治が抱える問題点を解決するには何が必要か考えておきたい。

内閣の営みは近代と現代で共通する点が多く、権力闘争という性格も強い。省益ではなく国益を考えて判断を下す重要性は現代政治にもいえることであり、二〇〇九年発足の民主党政権が官僚を政策形成の主導的な位置から遠ざけようとしたのも権力闘争の一つといえよう。

そのなかで、まず内閣が目指すべきは、安定的な国家意思決定システムの構築である。たとえば通算で一番の長期政権を実現した安倍晋三内閣が第二次内閣の発足以来、比較的安定した行政運営を行い、首相の主導的な立場を保有してきたとしても、内閣改造や未曾有の出来事に対処する際、同じような状態を保持し続けられるとは限らない。各省の大臣らは依然として官僚に目を行き届かせることはできておらず（牧原、二〇一八）、閣議のあり方など、国家意思決定のシステムが最善のかたちとなっているわけでもない（野中、二〇一六）。

ただ、安定的な国家意思決定システムの構築だけが万全の策でないことは、本書でふれた通りである。近代日本の内閣機能強化は、①強い首相の追求が他勢力との軋轢を生む危険性、②国家機関の運営を反省したうえで生かす重要性、③内閣機能が安定している時期こその危機管理、④他勢力への統制と調整のバランスなど、数多くの教訓を残してくれた。今後も、構想段階で消えていった内閣機能強化策も含めて掘りおこし、その一つ一つに丁寧に耳を傾けることが、現代政治に一層多くの教訓をもたらすことになると確信している。

意思決定という行為はやっかいなものである。読者の皆さんも経験していることだろう。国家レベルとなると、想像を絶するほどの利害関係が複雑に絡みあう。本書からうかがえる内閣のもがきや苦しみのなかに、皆さんが直面する意思決定の改善手段がないか、考えていただければ幸いである。

あとがき

二〇一六年に吉川弘文館から刊行した前著『昭和期の内閣と戦争指導体制』では、日中全面戦争からアジア・太平洋戦争期を対象に、内閣が自身の機能を強化し軍との調整を牽引していこうとする試みをまとめた。以後、内閣機能強化を軸として近代史全体をとらえてみたいという思いが強くなり、今回幸運にも得がたい機会をいただくことができた。強い内閣は、首相に就任する人物の個性や閣内統制力・調整力に左右される面が大きい。本書ではその様子を国家組織の運営を中心にみてきたわけだが、書き上げた今、強い内閣を実現するための取り組みが近代を覆い尽くしていたことを明らかにすることができたと考えている。現代政治に深く関係していることも確認することができた。

本書を執筆するにあたっては、前著同様、多くの方々にお世話になった。全員のお名前を挙げることは控えるが、執筆に直接影響を与えてくださった川田稔先生（名古屋大学名誉教授）と久保正明氏（愛知学院大学非常勤講師）には特に感謝を申し上げたい。

川田先生とは大学の講義後、光栄にも同じ電車に同乗することができた。車中では多くの質問を受けたが、先生を満足させるだけの反応ができず、自身の知識のなさを痛感したまま暗い気持ちで帰途に着くことが多かった。本書をどうにか完結させることができたのが、せめてもの救いである。それにしても、わかりやすく読みやすい文章を書くのはむずかしい。

明治前期の政治史がご専門の久保氏には、貴重なお話を数多くお聞かせいただいた。私が質問する場面も意外に多かったが、すべて的確に応じていただき、さらに話を広げていかれる博識ぶりに毎回引き込まれた。ほかの研究者の方々も、ご自身の研究分野であるかないかにかかわらず、とても楽しそうに語られるのは共通している。そうした話をお聞きするのは実に楽しい。

ただ本書の執筆作業は苦難の連続であった。そのはずなのに、思い返すと執筆中に戻りたいという懐かしさを感じるから不思議である。国家組織の運営の描写は淡々と進んでいきがちであるが、実際に運営に携わった人たちの顔を思い浮かべながら、大げさにいえば運営を疑似体験しながら執筆を進めたのが、苦難を懐かしい気持ちへと塗り替える要因になったのではないかと思う。

前著には直接・間接問わず、多くの感想を頂戴し、心よりありがたいと思っている。私はさまざまな反響にふれることで新たなテーマをみつけていくことが多い。すべての感想をありがたく受け取り、また本書に対する批判も心待ちにすることが、研究をさらに先へと進めるよりどころとなるだろう。

今回も吉川弘文館編集部の並木隆氏、また上野純一氏に大変お世話になった。脱稿までに思いもよらない時間を要してしまい、多大なご迷惑をおかけしたことを心よりお詫びする。にもかかわらず、つねに温かく力強い励ましをいただいた。人を前向きにさせる温かい声かけは、私の日常にあふれている。せっかくなので温かく幸せな気持ちのまま、あとがきを締めくくらせていただきたい。

二〇二〇年一一月

関口哲矢

参考史料、参考文献一覧

（注）

・収集には、アジア歴史資料センター、国立公文書館、国立国会図書館デジタルコレクション、帝国議会会議録検索システムなどのホームページを利用した。

・各種新聞記事の選定にあたっては、神戸大学附属図書館デジタルアーカイブのシステムから神戸大学経済経営研究所「新聞記事文庫」を使用したり、『新聞集成　大正編年史』大正三、四、六、七、一一年分（明治大正昭和新聞研究会、一九七六〜一九八四年）を使用したりしたうえで、原典を確認した。「新聞記事文庫」のものについては、（巻号、記事番号）という分類を表示してある。

・原則として、未刊行史料については個々の文書名は省略し、その文書が収録されている簿冊名のみを掲載した。

・拙著『昭和期の内閣と戦争指導体制』（吉川弘文館、二〇一六年）の使用にあたっては、拙著の註にあげた史料、書籍、論文なども活用した。

・★は国立国会図書館デジタルコレクション（デジタル化資料）をあらわす。

・「JACAR」はアジア歴史資料センターを、あとにつづくアルファベットと数字はレファレンスコードをあらわす。

・国立国会図書館憲政資料室所蔵のなかの✸は「田中義一関係文書」（No.4、近代日本政治史料集成Ⅱ、YE144、T1憲政2-4）であり、文書番号は（　）であらわした。山口県文書館所蔵の原本「田中義一文書」の文書番号は〈　〉であらわしている。

参考史料

新聞

・『大阪朝日新聞』（2-056）（2-106）（3-001）（3-013）（4-001）（5-082）（6-029）（28-028）（55-049）（60-133）（152-217）
・『大阪毎日新聞』（2-104）（3-012）（6-012）（26-044）（32-238）（55-061）（58-058）
・『九州日日新聞』
・『神戸新聞』（4-102）
・『神戸又新日報』（3-021）（3-102）
・『時事新報』（3-003）（3-008）（4-008）
・『中外商業新報』（1-021）（3-015）（4-050）
・『東京朝日新聞』（4-006）（15-125）
・『東京日日新聞』（3-011）（58-166）
・『報知新聞』（59-002）
・『法律新聞』（2-051）
・『満洲日日新聞』（58-108）
・『読売新聞』（8-111）
・『読売報知新聞』（64-054）

刊行史料

・安倍源基『昭和動乱の真相』（中央公論新社〈中公文庫〉、二〇〇六年）
・阿部真之助講演『広田内閣の政略と戦略　講演速記録』（日本講演協会、一九三六年）★
・安藤信夫『軍部の主張と無任所大臣　如何なる使命を負って出現せんとするか』（有恒社、一九三六年）★
・石田三郎『廣田内閣はいつ迄続くか？　軍部の爆弾行政改革』（日本講演通信社、一九三六年）★
・伊藤隆ほか編『続現代史資料五　海軍　加藤寛治日記』（みすず書房、一九九四年）
・編輯代表者、藤井甚太郎『岩倉具視関係文書七、八』（日本史籍協会、一九三四、一九三五年）★
・宇都宮太郎関係資料研究会編、編集責任吉良芳恵・斎藤聖二・櫻井良樹『日本陸軍とアジア政策　陸軍大将宇都宮太郎日記一、二』（岩波書店、二〇〇七年）
・大木操『大木日記―終戦時の帝国議会―』（朝日新聞社、一九六九年）
・『大久保利通日記上、下巻（侯爵大久保家蔵版）』（日本史籍協会、一九二七年）★
・『大久保利通文書第二、三～七、八～九（侯爵大久保家蔵版）』（日本史籍協会、一九二七、一九二八、一九二九年）★
・『大隈重信関係文書第一、二～三、四～五、六（侯爵大隈家蔵版）』（日本史籍協会、一九三二、一九三三、一九三四、一九三五年）★
・岡義武、林茂校訂『大正デモクラシー期の政治―松本剛吉政治日誌―』（岩波書店、一九五九年）
・海南隠士『組閣難の真相　廣田内閣はどうなる？』（東亜書房、一九三六年）★
・神永文三『軍部主張の行政機構革の裏　広田内閣の暗礁』（教材社、一九三六年）★
・清川逸郎『武人　林銑十郎』（森田書房、一九三七年）★
・宮内庁『昭和天皇実録〈第二―自大正三年至大正九年―、第三―自大正十年至大正十二年―、第四―自大正十三年至昭和二年―〉〈第五―自昭和三年至昭和六年―、第六―自昭和七年至昭和一〇年―、第七―自昭和一一年至昭和一四年―、第八―自昭和一五年至昭和一七年―、第九―自昭和一八年至昭和二〇年―〉』（東京書籍、二〇一五、二〇一六年）
・軍事史学会編、伊藤隆・原剛監修『元帥畑俊六回顧録』（錦正社、二〇〇九年）
・「軍令第一号」（『官報』第七二六三号）一九〇七年九月一二日付★
・小林龍夫編『翠雨荘日記（伊東家文書）―臨時外交調査委員会会議筆記等―〈明治百年史叢書〉』（原書房、一九六六年）
・佐佐木高行『保古飛呂比　佐佐木高行日記三、四、五、七、八、九、十』（東京大学出版会、一九七二、一九七三、一九七四、一九七五、一九七六、一九七七、一九七八年）
・参謀本部所蔵編『敗戦の記録―明治百年史叢書第三八巻―』（原書房、一九七九年）
・尚友倶楽部、山縣有朋関係文書編纂委員会（代表、伊藤隆）『山縣有朋関係文書一、三』（山川出版社、二〇〇六、二〇〇八年）
・尚友倶楽部史料調査室・今津敏晃編『最後の貴族院書記官長　小林次郎日記―昭和二〇年一月一日～一二月三一日―〈尚友ブックレット三一〉』（芙蓉書房出版、二〇一六年）
・尚友倶楽部編『上原勇作日記』（芙蓉書房出版、二〇一一年）
・尚友倶楽部・櫻井良樹編、内藤一成編、広瀬順晧編、季武嘉也編、櫻井良樹編『田健次郎日記一〈明治四十四年～大正三年〉、三〈大正四年～六年〉、四〈大正七年～九年〉、五〈大正一〇年～一二年〉、六〈大正一三年～昭和三年〉』（芙蓉書房出版、二〇〇九、二〇一二、二〇一四、二〇一五、二〇一六年）
・副島義一『内閣制論Ⅱ』（巌松堂書店、一九三七年）
・高橋是清『高橋是清自伝（下）』（中央公論社〈中公文庫〉、一九八八年）

・『行き悩む五相会議　斉藤内閣の不統一　外交、国防、財政の三位一体はどこに妥協を見出すか』（大月社会問題調査所、一九三三年）★
・『内政会議を中心に　国内諸改革気運の抬頭　斉藤内閣の危機か』（大月社会問題調査所、一九三三年）★
・妻木忠太編『木戸孝允日記第一、二〜三』（日本史籍協会、一九三二、一九三三年）★
・戸高一成編『［証言録］海軍反省会』（ＰＨＰ研究所、二〇〇九年）
・冨永謙吾編『現代史資料三九―太平洋戦争五―』（みすず書房、一九七五年）
・波多野勝・黒沢文貴・斎藤聖二・櫻井良樹編『海軍の外交官　竹下勇日記』（芙蓉書房出版、一九九八年）
・浜口雄幸著、池井優・波多野勝・黒沢文貴編『浜口雄幸　日記・随感録』（みすず書房、一九九一年）と黒沢文貴による解題
・原奎一郎編『原敬日記　第一巻〈官界・言論人〉、第二巻〈政界進出〉、第三巻〈内務大臣〉、第四巻〈総裁就任〉、第五巻〈首相時代〉』（福村出版、二〇〇〇年）
・原田熊雄述『西園寺公と政局〈第一巻　自昭和三年至昭和五年　満洲某重大事件、ロンドン条約問題、第二巻　自昭和六年七月至昭和八年一月　満洲事変と政党内閣の終焉〉〈第三巻　自昭和八年一月至昭和九年七月　連盟脱退後の動向、第四巻　自昭和九年至昭和一一年　二・二六前後の諸情勢、第五巻　自昭和一一年二月至昭和一二年五月　広田林内閣と軍部、政党の抗争、第六巻　自昭和一二年六月至昭和一三年六月　第一次近衛内閣と日華事変の勃発〉〈第七巻　自昭和一三年六月至昭和一四年六月　事変処理と三国同盟問題、第八巻　自昭和一四年六月至昭和一五年一二月　内外危機の切迫〉〈別巻〉』（岩波書店、一九五〇、一九五一、一九五二、一九五六年）
・福永文夫・下河辺元春編『芦田均日記　第一巻　1912年〜1925年』（柏書房、二〇一二年）
・藤生安太郎編集『犬養内閣』（犬養内閣編纂所、一九三二年）★
・藤生安太郎編集『斎藤内閣』（斎藤内閣編纂所、一九三二年）★

・三浦梧楼『観樹将軍回顧録』（中央公論新社〈中公文庫〉、一九八八年）
・山本四郎編『三浦梧楼関係文書〈明治史料第八集〉』（明治史料研究連絡会、一九六〇年）
・立憲政友会報国史編纂部編『立憲政友会報国史　下巻』（立憲政友会報国史編纂部、一九三一年）★
・早稲田大学編『大隈重信自叙伝』（岩波書店〈岩波文庫〉、二〇一八年）

未刊行史料

外務省外交史料館所蔵

・「外交調査会々議筆記（伊東伯爵家文書）第一巻」（1-1-1-10_001、JACAR、B03030025200）
・「外務大臣（ソノ他）ノ演説及声明集（首相ヲ含ム）自昭和一一年一月　日　第三巻」（A-1-0-0-12_003、JACAR、B02030032000）
・「支那政見雑纂　大正五年六月」（1-1-2-77_002、JACAR、B03030272800）
・「条約ノ調印、批准、実施其他ノ先例雑件（条約局ヨリ引継文書）　先例集（一）　第一巻」（B-0-0-0-17_001、JACAR、B04013401500）
・「内閣審議会関係一件」（A-5-0-0-3、JACAR、B02031299700）

国立公文書館所蔵

・「委員会録　大正十三年」（枢密院）（枢B00010100、本館2A-015-07、JACAR、A03033287300、A03033287700）
・「議院回付書類原議（自大正十三年至大正十四年）五」（請願00047100-01409、本館2A-029-07、JACAR、A14080257 00）
・「行政刷新委員会に関する件　特殊資料　第三類　一般行政関係」（資00030100、本館2A-040-00、JACAR、A15060045200）

・「行政並軍備整理実施ニ関スル件　島田書記官」（資00385100、本館2A-040-00、JACAR、A15060473100）
・「極東国際軍事裁判弁護関係資料２３８　第五類(イ)　法務大臣官房司法法制調査部」（分類…法務省、平成11年、排架番号…4B-21-2805）
・「憲政関係奏議等書類　岩倉文庫一七」（内閣文庫、番号…和80629、冊数…122（21）、函号…265、286）
・「公文別録　行政整理関係書類　大正十三年　自大正十三年至大正十五年」（別00216100、本館2A-001-00、JACAR、A03023325000）
・「公文類聚　第九編巻六　兵制門一」（類00231100、本館2A-011-00、JACAR、A15111028000）
・「公文類聚　第五十九編巻三　官職門　官制　内閣　昭和十年」（類01896100、本館2A-012-00、JACAR、A14100442600）
・「公文類聚　第十四編巻二　政体門二」（類00448100、本館2A-011-00、JACAR、A15111909200）
・「公文類聚　第十編巻十二　兵制門一」（類00258100、本館2A-011-00、JACAR、A15111134200）
・「公文録　太政官　〈六月七月全　明治十六年〉〈自八月至十月全　明治十八年〉」（分類…副、排架番号…2A-26-公3453、3901）
・「公文録　陸軍省　三月四月全　明治十八年」（分類…副、排架番号…2A-26-公3974）
・「御署名原本・昭和十八年・勅令八〇〇号・行政機構整備実施ノ為ニスル内閣部内臨時職員設置制外ニ勅令中改正ノ件」（御27660100、JACAR、A03022869300）
・「時局匡救に関する件　特別資料　第一類　政策関係　附　帝国議会　特殊団体」（資00001100、本館２Ａ-040-00、JACAR、A15060000500）
・「昭和財政史資料　第一類別存　第一号第一〇七冊」（平15財務00129100、分館05-059-00、JACAR、A08071725000）
・「昭和財政史資料　第一類別存　第一号第一一〇冊」（平15財務00780100、分館05-059-00、JACAR、A08071734200）

・「昭和財政史資料　第一類別存　第六号　第四三冊」（平15財務00780100、分館05-059-00、JACAR、A09050495400）
・「枢密院会議筆記　一内閣顧問臨時設置　一綜合計画局官制　一奏任ノ綜合計画局参事官ノ特別任用ニ関スル件　一大正二年勅令第二百六十二号任用分限又ハ官等ノ初叙陞叙ノ規定ヲ適用セサル文官ニ関スル件中改正ノ件　昭和十九年十月二十五日」（枢D00923100、JACAR、A03033820400）
・「枢密院文書　雑件　枢密院秘書課　大正三、大正十年～大正十二年」（枢00062100、JACAR、A04050243800）
・「大正十一年行政整理ニ関スル件」（別00178100、本館2A-001-00、JACAR、A03023093500）
・「大臣参議及各省卿大輔約定書一点　同草案二点」（排架番号…2A-33-6単324）
・「「内閣機能の強化」に関する参考資料」（内閣調査局・内閣 参議行政査察使等に関するもの）（分類…総務省、平成23年度、排架番号…つくば書庫7、7-53-112）
・「内閣顧問制（東条内閣参議案）昭一九」（分類…寄贈、排架番号…2A-41-61）
・「内閣所管　貴衆両院建議（一）」（請願00017100-02300、本館2A-005-00、JACAR、A14080078000）
・「内閣審議会及び内閣調査局に関する件　特殊資料　第一類　政策関係　附、帝国議会　特殊団体」（資00004100、本館2A-040-00、JACAR、A15060005600）
・「内閣通牒　自大正十四年至昭和十年」（平11通産00003100、分館05-038-00、JACAR、A16110900500）
・「防務会議規則　御署名原本　大正三年　勅令第一二五号」（御09928100、分館KS-000-00、JACAR、A03021007300）
・「満　憲法問題　横溝」（資00378100、本館2A-040-00、JACAR、A15060459800）
・「無任所大臣、臨時兼任、臨時代理及事務管理　内閣官房総務課長」（資00285100、本館2A-040-00、JACAR、A15060295500、A15060295800、A15060295900、A15060296000、A15060296300、A15060296400）
・「臨時外交調査委員会要覧」（分類…総理府、昭和46年、排架番号…2A-42-2012）

・「臨時外交調査委員会官制　御署名原本　大正六年　勅令第五十七号」（御10828100、分館KS-000-00、JACAR、A03021098800）

・「臨時外交調査委員会官制外五件廃止　御署名原本　大正十一年　勅令第四〇八号」（御13891100、分館KS-000-00、JACAR、A03021407600）

・「例規　大正九年～昭和十二年」（昭47厚生00008100、本館3A-002-01、JACAR、A17110047700）

国立国会図書館憲政資料室所蔵

・「長崎省吾関係文書」（請求番号二八四）★

・「有松英義文書」（(A3-1-3) 109、分類番号66、67）

・「伊藤博文関係文書（その一）書類の部」（請求番号四三、七七、一二七、一四五、一九一、二一二―四、二九三―一、二九三―三、三四六―三）★

・「伊東巳代治関係文書」（R-53（L3憲政4-53、T9.5.30｜T9、363-1～374））（R-56（L3憲政4-56）17-6～22-8、19-10　T8.10.19）（R-64（L3憲政4-64）109-4～122-2）

・「大隈重信文書」（No-12（02.1-12）、No-13（02.1-13））

・「桂太郎文書」（近代諸家文書集成七、書類の部）八五．桂太郎伝記参考書（九）、八六．桂太郎伝記参考書（十）

・「川崎克関係文書」（資料番号五五）

・「後藤新平文書」（後藤新平記念館所蔵）（第一次逓相時代（2）（G2、3-42））（立憲同志会関係、寺内内閣時代（1）（G2、3-47））（大調査機関関係、東京市長時代（G2、3-51））（在野時代（4）（G2、3-60））

・近衛文麿「近衛文麿書簡　有田八郎宛」（憲政資料室収集文書1159）★

・「斎藤実文書」（書類の部二）（S1-憲政8-165、No-165）（S1-憲政8-166、No-166）（S1-憲政8-217、No-217）（S1-憲政8-284、No-284）

・「佐藤達夫文書」（行政一般・行政組織（S21‐憲政9'‐5）No‐5　1699‐1704）
・「高橋是清関係文書」（R‐2（T10‐憲政3‐2））
・「海軍大臣事務管理問題顚末」（文書番号90）〈請求番号84〉、「海軍大臣事務問題ニ就テ」（文書番号91）〈請求番号85〉、「陸海軍大臣ノ事務管理ヲ内閣総理大臣ヲシテ実施セシムルノ議ニ関スル意見」（文書番号93）〈請求番号87〉、「各省大臣ノ故障ニ因ル臨時摂任ト事務管理トノ相違ニ関スル件」（文書番号94）〈請求番号88〉、「時弊ニ鑑ミ軍令権ノ独立擁護ニ関スル建議」（文書番号95）〈請求番号89〉✸
・「寺内正毅関係文書」（T6‐憲政5‐4（440‐1）、T 6‐憲政5‐9（448‐32）、T 6‐憲政5‐9（448‐34））
・永井柳太郎「永井柳太郎書簡　有馬頼寧宛」（「有馬頼寧関係文書（その一）」44‐1）★
・「仲小路廉関係文書」（分類番号222、37）
・「牧野伸顕関係文書」（M2‐憲政5‐7（90～120）No‐7、M2‐憲政5‐8（121～140）No‐8、M2‐憲政5‐78（C209～C225）No‐78）

防衛省防衛研究所図書館

・「永存書類　甲第六類　陸軍省　昭和十二年」（陸軍省‐大日記甲輯‐S12‐9‐31、JACAR、C01001540100）
・「永存書類　陸軍省昭和十三年　乙第二類第十冊」（陸軍省大日記S13‐11‐44、JACAR、C01002261700）
・「行政機構改革一論　陸軍省調査部　森川史料　昭和十五年十二月二十四日」（中央‐軍事行政その他‐668、JACAR、C15120582200）
・「貳　緊要事項集　明治廿七年六月ヨリ」（陸軍省‐日清戦役雑‐M27‐10‐111、JACAR、C06060168000）
・「軍事機密大日記　陸軍省　大正四、一～四、一二」（陸軍省‐軍事機密大日記‐T4‐1‐1、JACAR、C02030030300）
・「公文備考　大正十五年、昭和元年　巻八　官職八」（海軍省‐公文備考S1‐8‐3361、JACAR、C04015021200）
・「国家統制原理としての統帥独立に関する概論的研究　陸軍騎兵大尉片岡董　研究報告第三号」（中央‐全般統帥

-148、JACAR、C13071306700、C13071306800)
・「鈴木重康関係資料綴1／2大正一四・二・一九―一四・一二・一〇」(中央－全般統帥 -119、JACAR、C13071281900)
・「大本営陸軍　統帥記録　第一復員局　昭和一五―二〇」(中央－全般統帥 -68、JACAR、C13071255500)
・「写　第六編機密補輯　海軍大学校〈軍秘密　大正四年乃至九年戦役　海軍戦史附録〉」(戦史 -1次大戦 -8、JACAR、C14120062300)
・「統帥権、勤務令其他　参考資料綴　総務課総務班　昭和二十年以降」(中央－全般統帥 -139、JACAR、C13071298100)
・「統帥権問題ニ関スル綴　其一　大正九～十五年度」(中央－全般統帥 -132、JACAR、C13071293100、C13071293200、C13071293400、C13071293500、C13071293700)
・「統帥綱領（第三案）参謀本部　昭和三年」(中央－全般統帥 -106、JACAR、C13071271800)
・「統帥並に之に関連する事項に就て」(中央－全般統帥 -31、JACAR、C13071237500)
・「日露戦史講授摘要録　第十巻　陸軍大学校（陸軍歩兵谷大佐）」(戦役－日露戦役 -343、JACAR、C13110612000)
・「日露戦史講授摘録　昭和六年二学年、鈴木砲兵中佐述　陸軍大学校」(戦役－日露戦役 -56、JACAR、C13110412000)
・「日清戦争実記抜粋　四冊ノ内第二　自第四十一項至第九十項、第三　自第九十一項至第百七項」(海軍省－日清－M27-80、81、JACAR、C08040607800、C08040608400)
・「副臨号書類綴　明治三十八年十月分第八号（台戦第三二号）　大本営陸軍副官管」(大本営－日露戦役 -M38-8-121、JACAR、C06040748200)
・「編冊補遺　壹貳参市肆伍　陸軍省　明治三十年分」(陸軍省－壹大日記 -M30-13-17、JACAR、C04013463500)
・「満受大日記（普）其五　陸軍省昭和七、三、一～七、三、五」(陸軍省－陸軍普大日記 -S7-7-16、JACAR、

C04011157700）
・「密大日記　陸軍省　明治四十年自一月至四月」（陸軍省-密大日記-M40-1-8、JACAR、C03022854500）
・「明治三十七八年戦役ニ関スル満密受書類補遺　陸軍省」（陸軍省-日露戦役-M37-6-127、JACAR、C06040124100）
・「命令訓令　庶　大本営副官部　自明治二十七年六月至同二十八年六月」（戦役-日清戦役-15、JACAR、C13110305000）
・「陸軍大臣論　騎兵少佐片岡董　昭和六年四月　研究報告第十号」（中央-全般統帥-158、JACAR、C13071309900、C13071310600、C13071310800）
・「ロンドン会議関係統帥権ニ関スル書類綴　昭和五年」（参謀本部-軍縮関係-S5-1-27、JACAR、C08052000700、C08052001800、C08052002500）
・「我が国の統帥と政治　高嶋辰彦大佐　昭和十五年五月六日」（中央-軍事行政その他-173、JACAR、C15120158800）

参考文献

書籍

・赤木須留喜『〈官制〉の形成—日本官僚制の構造—』（日本評論社、一九九一年）
・雨宮昭一『近代日本の戦争指導』（吉川弘文館、一九九七年）
・荒邦啓介『明治憲法における「国務」と「統帥」—統帥権の憲法史的研究—』（成文堂、二〇一七年）
・飯尾潤『日本の統治構造—官僚内閣制から議院内閣制へ—』（中央公論新社〈中公新書〉、二〇〇九年）

・飯塚一幸『日清・日露戦争と帝国日本―日本近代の歴史③―』（吉川弘文館、二〇一六年）
・井出嘉憲『日本官僚制と行政文化―日本行政国家論序説―』（東京大学出版会、一九八二年）
・伊藤隆『大政翼賛会への道―近衛新体制―』（講談社〈講談社学術文庫〉、二〇一五年）
・伊藤之雄『元老―近代日本の真の指導者たち―』（中央公論新社〈中公新書〉、二〇一六年）
・井上寿一『戦前昭和の国家構想』（講談社〈講談社選書メチエ528〉、二〇一二年）
・今村都南雄『官庁セクショナリズム〈行政学叢書1〉』（東京大学出版会、二〇〇六年）
・宇野秀『評伝風見章―野人政治家の面目―（いばらきBOOKS⑨）』（茨城新聞社、二〇一〇年）
・江藤淳監修・栗原健、波多野澄雄編『終戦工作の記録　下』（講談社〈講談社学術文庫〉、一九八六年）
・NHK取材班編著『日本人はなぜ戦争へと向かったのか（下）〈NHKスペシャル〉』（NHK出版、二〇一二年）
・大江志乃夫『日本の参謀本部』（中央公論社〈中公新書〉、一九八五年。復刊吉川弘文館、二〇一八年）
・大江志乃夫『御前会議―昭和天皇十五回の聖断―』（中央公論社〈中公新書〉、一九九一年）
・大澤博明『陸軍参謀川上操六―日清戦争の作戦指導者―〈歴史文化ライブラリー480〉』（吉川弘文館、二〇一九年）
・大前信也『昭和戦前期の予算編成と政治』（木鐸社、二〇〇六年）
・岡田彰『現代日本官僚制の成立―戦後占領期における行政制度の再編成―』（法政大学出版局、一九九四年）
・岡義武『近代日本の政治家―同時代ライブラリー⑮―』（岩波書店、一九九〇年）
・柏原宏紀『明治の技術官僚―近代日本をつくった長州五傑―』（中央公論新社〈中公新書〉、二〇一八年）
・門松秀樹『明治維新と幕臣―「ノンキャリア」の底力―』（中央公論新社〈中公新書〉、二〇一四年）
・川口暁弘『ふたつの憲法と日本人―戦前・戦後の憲法観―〈歴史文化ライブラリー450〉』（吉川弘文館、二〇一七年）
・川田稔『昭和陸軍の軌跡―永田鉄山の構想とその分岐―』（中央公論新社〈中公新書〉、二〇一一年）

・官田光史『戦時期日本の翼賛政治』（吉川弘文館、二〇一六年）
・北岡伸一『官僚制としての日本陸軍』（筑摩書房、二〇一二年）
・北博昭『日中開戦―軍法務局文書からみた挙国一致体制への道―』（中央公論社〈中公新書〉、一九九四年）
・久保田哲『帝国議会―西洋の衝撃から誕生までの格闘―』（中央公論新社〈中公新書〉、二〇一八年）
・纐纈厚『近代日本政軍関係の研究』（岩波書店、二〇〇五年）
・小林道彦『近代日本と軍部 1868-1945』（講談社〈講談社現代新書〉、二〇二〇年）
・榊原勝『転換期の政治過程臨調の軌跡とその機能―』（総合労働研究所、一九八六年）
・坂本一登『伊藤博文と明治国家形成―「宮中」の制度化と立憲制の導入―』（講談社〈講談社学術文庫〉、二〇一二年）
・坂本一登『岩倉具視―幕末維新期の調停者―〈日本史人リブレット074〉』（山川出版社、二〇一八年）
・佐藤元英『外務官僚たちの太平洋戦争〈NHKBOOKS1232〉』（NHK出版、二〇一五年）
・佐野眞一『枢密院議長の日記』（講談社〈講談社現代新書〉、二〇〇七年）
・清水唯一朗『政党と官僚の近代―日本における立憲統治構造の相克―』（藤原書店、二〇〇七年）
・季武嘉也『大正期の政治構造』（吉川弘文館、一九九八年）
・鈴木多聞『「終戦」の政治史 1943-1945』（東京大学出版会、二〇一一年）
・鈴木安蔵『太政官制と内閣制』（昭和刊行会、一九四四年）★
・関口哲矢『昭和期の内閣と戦争指導体制』（吉川弘文館、二〇一六年）
・関口哲矢「アジア・太平洋戦争期の行政査察と政治力強化」（羽賀祥二編『近代日本の地域と文化』吉川弘文館、二〇一八年）
・滝井一博『伊藤博文―知の政治家―』（中央公論新社〈中公新書〉、二〇一〇年）

・竹中治堅『首相支配―日本政治の変貌―』（中央公論新社〈中公新書〉、二〇〇六年）
・千葉功『旧外交の形成―日本外交一九〇〇～一九一九―』（勁草書房、二〇〇八年）
・千葉功『桂太郎―外に帝国主義、内に立憲主義―』（中央公論新社〈中公新書〉、二〇一二年）
・茶谷誠一『昭和戦前期の宮中勢力と政治』（吉川弘文館、二〇〇九年）
・茶谷誠一『宮中からみる日本近代史』（筑摩書房〈ちくま新書〉、二〇一二年）
・筒井清忠『昭和十年代の陸軍と政治―軍部大臣現役武官制の虚像と実像―』（岩波書店、二〇〇七年）
・筒井清忠『昭和戦前期の政党政治―二大政党制はなぜ挫折したのか―』（筑摩書房〈ちくま新書〉、二〇一二年）
・手嶋泰伸『昭和戦時期の海軍と政治』（吉川弘文館、二〇一三年）
・手嶋泰伸『日本海軍と政治』（講談社〈講談社現代新書〉、二〇一五年）
・戸部良一『日本の近代9〈逆説の軍隊〉』（中央公論社、一九九八年）
・戸部良一『外務省革新派』（中央公論新社〈中公新書〉、二〇一〇年）
・豊田穣『大隈重信と第一次世界大戦〈明治・大正の宰相第六巻〉』（講談社、一九八四年）
・内藤一成『三条実美―維新政権の「有徳の為政者」―』（中央公論新社〈中公新書〉、二〇一九年）
・永井和『近代日本の軍部と政治』（思文閣出版、二〇〇二年）
・奈良岡聰智『加藤高明と政党政治―二大政党制への道―』（山川出版社、二〇〇六年）
・萩原淳『平沼騏一郎と近代日本―官僚の国家主義と太平洋戦争への道―』（京都大学学術出版会、二〇一六年）
・坂野潤治『未完の明治維新』（筑摩書房〈ちくま新書〉、二〇〇七年）
・舩木繁『陸軍大臣木越安綱』（河出書房新社、一九九三年）
・古川隆久『戦時議会〈日本歴史叢書新装版〉』（吉川弘文館、二〇〇一年）
・古川隆久『昭和戦中期の議会と行政』（吉川弘文館、二〇〇五年）

・古川隆久『近衛文麿〈人物叢書新装版〉』（吉川弘文館、二〇一五年）
・防衛庁防衛研修所戦史部『戦史叢書　陸軍軍戦備』（朝雲新聞社、一九七九年）
・牧原出『内閣政治と「大蔵省支配」―政治主導の条件―』（中央公論新社〈中公叢書〉、二〇〇三年）
・牧原出『行政改革と調整のシステム〈行政学叢書8〉』（東京大学出版会、二〇〇九年）
・牧原出『崩れる政治を立て直す―21世紀の日本行政改革論―』（講談社〈講談社現代新書〉、二〇一八年）
・増田知子『天皇制と国家―近代日本の立憲君主制―』（青木書店、一九九九年）
・御厨貴『明治国家の完成　1890-1905―日本の近代3―』（中央公論新社、二〇〇一年）
・村井哲也『戦後政治体制の起源―吉田茂の「官邸主導」―』（藤原書店、二〇〇八年）
・村井良太『政党内閣制の成立―一九一八～二七年―』（有斐閣、二〇〇五年）
・村井良太『政党内閣制の展開と崩壊―一九二七～三六年―』（有斐閣、二〇一四年）
・村瀬信一『明治立憲制と内閣』（吉川弘文館、二〇一一年）
・森松俊夫『大本営〈読みなおす日本史〉』（吉川弘文館、二〇一三年）
・森靖夫『日本陸軍と日中戦争への道―軍事統制システムをめぐる攻防―〈MINERVA日本史ライブラリー22〉』（ミネルヴァ書房、二〇一〇年）
・森靖夫『「国家総動員」の時代―比較の視座から―』（名古屋大学出版会、二〇二〇年）
・森山優『日米開戦と情報戦』（講談社〈講談社現代新書〉、二〇一六年）
・山崎丹照『内閣制度の研究』（高山書院、一九四二年）
・山田朗『世界史の中の日露戦争〈戦争の日本史20〉』（吉川弘文館、二〇〇九年）
・横手慎二『日露戦争史―20世紀最初の大国間戦争―』（中央公論新社〈中公新書〉、二〇〇五年）
・吉田裕『アジア・太平洋戦争―シリーズ日本近現代史⑥―』（岩波書店〈岩波新書〉、二〇〇七年）＊

・若月剛史『戦前日本の政党内閣と官僚制』（東京大学出版会、二〇一四年）

論文など

・赤木須留喜「明治国家における内閣制度と行政制度」（『年報行政研究』二七、一九九二年）
・赤澤史朗「石原廣一郎小論（一）―その国家主義運動の軌跡―」（『立命館法學』二四五、一九九六年）
・新井勉「近代日本における内閣制度小論―国務大臣単独輔弼制の虚実―」（『政経研究』三六―二、一九九九年七月）
・荒邦啓介「明治憲法における内閣の責任制度形成過程―ふたつの責任論の相克―」（『東洋大学大学院紀要』四六、二〇〇九年）
・荒邦啓介「明治・大正期における副島義一の内閣制論」（『東洋大学大学院紀要』四八、二〇一一年）
・荒邦啓介「戦中の辻清明―明治憲法の割拠性を考える上での一視角―」（『東洋法学』五四―三、二〇一四年三月）
・井門満明「帝国国防方針と戦争の間」（『軍事史学―特集、戦争指導史・創刊十周年記念特大号―』一〇―一・二、一九七四年六月）
・池田清「日本の戦争指導計画―開戦時の戦争終結構想を中心として―」（『法学（東北大学法学会）』四三―二、一九七九年七月）
・池田順「ファシズム期の国家機構再編―広田内閣期を中心に―」（『日本史研究』二八八、一九八六年八月）
・池田順「一五年戦争期の国家意思決定機構」（『歴史評論』四七四、一九八九年一〇月）
・井竿富雄「シベリア出兵構想の変容―寺内内閣および外交調査会の動きを中心にして」（『法政研究』六六―四、二〇〇〇年三月）
・石橋湛山「内閣制度の変化」（『東洋経済新報』二四九七、一九五一年一〇月）

・石原直紀「大正初期の外政機構―二局四課制の確立から臨時外交調査委員会設置に至る過程―」(『社会科学ジャーナル』二〇―一、一九八一年一〇月)
・礒部巌「広田内閣に対する軍部の介入」(『防衛大学校紀要〈社会科学分冊〉』八〇、二〇〇〇年三月)
・今岡豊「支那事変初期における政戦両略について」(『軍事史学―特集、戦争指導史・創刊十周年記念特大号―』一〇―一・二、一九七四年六月)
・大江志乃夫「日清戦争の戦争指導―戦時大本営条例―」(『法学セミナー』三一八、一九八一年八月)
・大江志乃夫「日露戦争の戦争指導―国務と統帥―」(『法学セミナー』三二〇、一九八一年一〇月)
・大河内繁男「内閣制度の変遷―戦前・戦後の連続と非連続―」(『思想〈憲法40年―理論と現実〉』七五五、一九八七年五月)
・大島明子「陸海軍の創設―徴兵制の選択と統帥権の独立―」(小林和幸編『明治史講義〈テーマ篇〉』筑摩書房〈ちくま新書〉、二〇一八年)
・大山郁夫「臨時外交調査委員会の政治的価値と之に対する加藤氏及び犬養氏の態度」(大山郁夫著・正田健一郎ほか編『大山郁夫著作集第一巻―大正デモクラシー期の政治・文化・社会―〈国家生活の理想と現実〉』岩波書店、一九八七年)
・岡田彰「行革の「目玉」内閣府―その曖昧な位置づけと役割―」(田中一昭・岡田彰編著『中央省庁改革―橋本行革が目指した「この国のかたち」―』日本評論社、二〇〇〇年)
・小川原正道「戦時体制と行政の中央集権化」(笠原英彦編『日本行政史』慶應義塾大学出版会、二〇一〇年)
・笠原英彦「太政官制の形成と機能に関する覚書」(『法学研究』六七―二、一九九四年二月)
・柏原宏紀「太政官制潤飾の実相」(『日本歴史』七五〇、二〇一〇年一一月)
・柏原宏紀「明治初年太政官制下の卿輔関係についての一考察―参議省卿兼任制導入後の工部省を中心に―」(『年報

政治学〈2013―Ⅱ〉』、二〇一三年）
・加藤陽子「大政翼賛会の成立から対英米開戦まで」（大津透・桜井英治・藤井譲治・吉田裕・李成市編『岩波講座日本歴史〈第一八巻近現代四〉』岩波書店、二〇一五年）
・門松秀樹「明治政府の成立と太政官制の復活」「内閣制度の創設と帝国議会の成立」（笠原英彦編『日本行政史』慶應義塾大学出版会、二〇一〇年）
・川越美穂「明治一〇年前後における天皇と太政官内閣」（『史学雑誌』一一三―四、二〇〇四年四月）
・神田文人「明治憲法体制における天皇・行政権・統帥権―近現代史部会共同研究報告―」（『日本史研究』三二〇、一九八九年四月）
・黒沢文貴「大正・昭和期における陸軍官僚の「革新」化」（小林道彦・黒沢文貴編『日本政治史のなかの陸海軍―軍政優位体制の形成と崩壊　1868〜1945―』ミネルヴァ書房、二〇一三年）
・桑田悦「明治憲法下における戦争指導の明暗」（『軍事史学』二〇―四、一九八五年三月）
・小池聖一「ワシントン海軍軍縮会議前後の海軍部内状況―「両加藤の対立」再考―」（『日本歴史』四八〇、一九八八年五月）
・小池聖一「大正後期の海軍についての一考察―第一次・第二次財部彪海相期の海軍部内を中心に―」（『軍事史学』二五―一、一九八九年六月）
・纐纈厚「日米戦争期日本の政治体制―戦争指導体制の実際を中心にして―」（『日本の科学者』四七―八、二〇一二年八月）
・小林俊二「明治憲法体制下における国務・統帥の分立とその帰結」（『政経研究』四一―一、二〇〇四年九月）
・小林龍夫「臨時外交調査委員会の設置」（『国際政治―日本政治史の諸問題Ⅱ』二八、一九六五年）
・小林道彦「大正政変期の大陸政策と陸海軍―1912〜14年―」（『日本史研究』三六三、一九九二年一一月）

・小林道彦「児玉源太郎と統帥権改革」（小林道彦・黒沢文貴編『日本政治史のなかの陸海軍—軍政優位体制の形成と崩壊 1868〜1945—』ミネルヴァ書房、二〇一三年）
・斎藤聖二「国防方針第一次改訂の背景—第二次大隈内閣下における陸海両軍関係—」（『史学雑誌』九五—六、一九八六年六月）
・坂本一登「明治初年の立憲政をめぐって—木戸孝允を中心に—」（坂本一登・五百旗頭薫編著『日本政治史の新地平』吉田書店、二〇一三年）
・櫻井良樹「大正政変—政界再編成における内外要因—」（小林和幸編『明治史講義（テーマ篇）』筑摩書房〈ちくま新書〉、二〇一八年）
・佐々木隆「挙国一致内閣期の政党—立憲政友会と斎藤内閣—」（『史学雑誌』八六—九、一九七七年九月）
・佐々木隆「荒木陸相と五相会議」（『史学雑誌』八八—三、一九七九年三月）
・佐々木雄一「日清戦争—日本と東アジアの転機—」（小林和幸編『明治史講義（テーマ篇）』筑摩書房〈ちくま新書〉、二〇一八年）
・佐々木雄一「明治憲法体制における首相と内閣の再検討」（日本政治学会編『年報政治学』二〇一九—一、二〇一九年）
・清水唯一朗「政党内閣期の政治と行政」（笠原英彦編『日本行政史』慶應義塾大学出版会、二〇一〇年）
・清水唯一朗「立憲政友会の分裂と政党支持構造の変化—一党優位性の崩壊と二大政党制の端緒—」（坂本一登・五百旗頭薫編著『日本政治史の新地平』吉田書店、二〇一三年）
・清水唯一朗「近代」（中公新書編集部編『日本史の論点—邪馬台国から象徴天皇制まで—』中央公論新社〈中公新書〉、二〇一八年）
・下重直樹「原敬の政治指導と行政整理—臨時制度整理局を中心に—」（『史境』五三、二〇〇六年九月）

・下重直樹「大戦間期の内閣制度改革構想と政策形成モデル―松井春生の資源政策論を手がかりとして―」（『史境』六七、二〇一四年三月）
・髙杉洋平「軍縮と軍人の社会的地位」（筒井清忠編『昭和史講義2―専門研究者が見る戦争への道―』筑摩書房〈ちくま新書〉、二〇一六年）
・高橋秀直「寺内内閣期の政治体制」（『史林』六七―四、一九八四年七月）＊
・高橋秀直「寺内内閣成立期の政治状況」（『日本歴史』四三四、一九八四年七月）
・高橋秀直「原内閣の成立と総力戦政策―「シベリア出兵」決定過程を中心に―」（『史林』六八―三、一九八五年五月）
・高橋秀直「王政復古政府論」（『史林』八六―一、二〇〇三年一月）
・高原秀介「第一次世界大戦の終結―シベリア出兵とパリ講和会議―」（蓑原俊洋編『「戦争」で読む日米関係100年―日露戦争から対テロ戦争まで―』朝日新聞出版〈朝日選書〉、二〇一二年）
・多胡圭一「第一次山本内閣における官制の改正」（『阪大法学―森義宣先生退官記念号―』九七、九八、一九七六年三月）
・田中直吉「明治時代の軍制の一断面―日清・日露戦争の戦争指導―」（『軍事史学―特集、明治時代軍事史―』四―三、一九六八年一一月）
・田中直吉「大東亜戦争開始前の戦争指導」（『軍事史学―特集、戦争指導史・創刊十周年記念特大号―』一〇―一・二、一九七四年六月）
・千葉功『日露戦争はなぜ起こったのか？』（山口輝臣編『はじめての明治史―東大駒場連続講義―』筑摩書房〈ちくまプリマー新書〉、二〇一八年）
・手嶋泰伸「一九二〇年代の日本海軍における軍部大臣文官制導入問題」（『歴史』一二四、二〇一五年四月）

・友田昌宏「明治初期の政局と宮島誠一郎の立憲政体構想」（『史学雑誌』一一四―八、二〇〇五年八月）
・中川壽之「太政官三院制に関する覚書―国家意思の形成と決定をめぐって―」（『明治維新史学会報』三八、二〇〇一年五月）
・中野目徹・日向玲理・長谷川貴志「総力戦体制と国勢院―行政改革と官僚制の視点から―」（『近代史料研究』一四、二〇一四年）
・西尾林太郎「清浦内閣の成立と研究会」（『社會科學討究』三三―三、一九八八年）
・西川誠「内閣制度の創設と皇室制度―伊藤博文のプランニングの再検討―」（小林和幸編『明治史講義〈テーマ篇〉』筑摩書房〈ちくま新書〉、二〇一八年）
・西川誠「内閣制度はなぜ導入されたのか？」（山口輝臣編『はじめての明治史―東大駒場連続講義―』筑摩書房〈ちくまプリマー新書〉、二〇一八年）＊
・野中尚人「日本の政策過程にはなぜ討論がないのか」（野中尚人・青木遥『政策会議と討論なき国会―官邸主導体制の成立と交代する熟議―』朝日新聞出版〈朝日選書〉、二〇一六年）
・（ＨＡＺ）「政務官制度の沿革―行政機構改革の一環として拡充を予想される制度―」（『時の法令』一九八、一九五六年二月）
・波田永実「国防国家建設と行政機構改革の諸相」（『東海大学文明研究所紀要』一九、一九九九年）
・畑野勇「日本海軍の戦争指導と社会科学者・技術官僚の役割」（小林道彦・黒沢文貴編『日本政治史のなかの陸海軍―軍政優位体制の形成と崩壊　1868～1945―』ミネルヴァ書房、二〇一三年）
・畑野勇「ロンドン海軍軍縮条約と宮中・政党・海軍」（筒井清忠編『昭和史講義―最新研究で見る戦争への道―』筑摩書房〈ちくま新書〉、二〇一五年）
・波多野勝「山本内閣と陸軍官制改正問題―山本首相のイニシアチブと陸軍―」（『軍事史学』三〇―四、一九九五年

三月）
・林修三「内閣法における若干の問題点―〈特集〉内閣制度と内閣法―」（『法律のひろば』八―一二、一九五五年一二月）
・原剛「明治前期の国防会議―幻に終わった陸海軍調整機関―」（『政治経済史学』三五七、一九九六年三月）
・平松良太「海軍省優位体制の崩壊―第一次上海事変と日本海軍―」（小林道彦・黒沢文貴編『日本政治史のなかの陸海軍―軍政優位体制の形成と崩壊　1868～1945―』ミネルヴァ書房、二〇一三年）
・平間洋一「第一次世界大戦への参加と海軍―参戦意志決定をめぐって―」（『軍事史学』二二―一、一九八六年六月）
・藤井新一「明治初年に於ける議会政治」（『法学論集』一、一九六四年一一月）
・藤田安一「高橋是清と五相会議―「高橋財政」における政治過程の研究（Ⅰ）（Ⅱ）―」（『政治経済史学』二七四、二七五、一九八九年二月、三月）
・『法律のひろば』編集部「明治憲法下の内閣制度―〈特集〉内閣制度と内閣法―」（『法律のひろば』八―一二、一九五五年一二月）
・前川友太「原敬のリーダーシップと臨時外交調査委員会」（『駒沢大学大学院史学論集』四七、二〇一七年四月）
・前田亮介「大日本帝国憲法―政治制度の設計とその自律―」（小林和幸編『明治史講義〈テーマ篇〉』筑摩書房〈ちくま新書〉、二〇一八年）
・牧野邦昭「近衛新体制と革新官僚」（筒井清忠編『昭和史講義―最新研究で見る戦争への道―』筑摩書房〈ちくま新書〉、二〇一五年）
・増田知子「「立憲制」の帰結とファシズム」（歴史学研究会・日本史研究会編『日本史講座9―近代の転換―』東京大学出版会、二〇〇五年）

・松尾尊兊「敗戦前後の佐々木惣一―近衛文麿との関係を中心に―」(『人文学報』九八、二〇〇九年)
・三上昭美「外政機構の確立に関する一考察―わが国外政機構の歴史的研究(2)―」(『国際政治―日本政治史の諸問題Ⅱ―』二八、一九六五年)
・森茂樹「開戦決定と日本の戦争指導体制」「戦争指導体制の問題点」*(吉田裕・森茂樹『アジア・太平洋戦争〈戦争の日本史23〉』吉川弘文館、二〇〇七年)
・森田遊「明治憲法下における内閣制度概論―国務各大臣の「単独」輔弼責任に関する一考察―(1)(2・完)―」(『法学研究論集』三三、三四、二〇一〇年)
・森靖夫「軍部大臣文官制の再検討―1920年代の陸軍と統帥権―」(『年報政治学』二〇〇八―一、二〇〇八年)
・森靖夫「国家総力戦への道程―日中全面戦争と陸軍省軍政官僚たちの葛藤―」(小林道彦・黒沢文貴編『日本政治史のなかの陸海軍―軍政優位体制の形成と崩壊　1868～1945―』ミネルヴァ書房、二〇一三年)
・森山優「指導者〝非決定〟が導いた戦争」「〝非決定〟という恐るべき「制度」」(NHK取材班編著『日本人はなぜ戦争へと向かったのか(下)〈NHKスペシャル〉』NHK出版、二〇一一年)
・山口一樹「清浦奎吾内閣における陸相人事問題」(『立命館史学』三四、二〇一三年)
・山本四郎「斎藤内閣の成立をめぐって」(『史林』五九―五、一九七六年七月)
・山本四郎「大隈内閣の初政―参戦まで―」(『史窓』四六、一九八九年)
・吉井蒼生夫「中央権力機構の形成」(福島正夫『日本近代法体制の形成(上巻)』日本評論社、一九八一年)
・吉田裕「軍事官僚機構の特質」(吉田裕・森茂樹『アジア・太平洋戦争〈戦争の日本史23〉』吉川弘文館、二〇〇七年)
・吉田裕「戦局の展開と東条内閣」(大津透・桜井英治・藤井讓治・吉田裕・李成市編『岩波講座日本歴史〈第一八巻近現代四〉』岩波書店、二〇一五年)

・渡邉公太「第一次世界大戦の勃発—日米の対立から暫定的協調へ—」（蓑原俊洋編『「戦争」で読む日米関係100年—日露戦争から対テロ戦争まで—』朝日新聞出版〈朝日選書〉、二〇一二年）

著者略歴

一九七四年　岐阜県にうまれる。
二〇一一年　名古屋大学大学院文学研究科博士課程後期課程修了　博士（歴史学）
現在　大同大学、中京大学、同朋大学、日本福祉大学（前期）、岐阜大学（後期）、南山大学（Q３）非常勤講師

〈主要著書・論文〉
『昭和期の内閣と戦争指導体制』（吉川弘文館、二〇一六年）、「アジア・太平洋戦争期の行政査察と政治力強化」（羽賀祥二編『近代日本の地域と文化』吉川弘文館、二〇一八年）

強い内閣と近代日本
国策決定の主導権確保へ

二〇二一年（令和三）一月二十日　第一刷発行

著　者　関《せき》口《ぐち》哲《てつ》矢《や》
発行者　吉川道郎
発行所　株式会社　吉川弘文館
郵便番号一一三—〇〇三三
東京都文京区本郷七丁目二番八号
電話〇三—三八一三—九一五一〈代表〉
振替口座〇〇一〇〇—五—二四四番
http://www.yoshikawa-k.co.jp/
印刷＝亜細亜印刷株式会社
製本＝誠製本株式会社
装幀＝伊藤滋章

ISBN978-4-642-08393-5

関口哲矢著

昭和期の内閣と戦争指導体制

Ａ５判・三一六頁／九〇〇〇円（税別）

昭和戦時期、内閣と大本営の密な意思疎通による一元的な戦争指導体制の構築を目指し、各内閣が行ったさまざまな取り組みと問題点を検討する。戦争遂行に直接的に関わった陸海軍だけではなく、内閣の機能強化策や国家意思決定の改善策にみられる不備が戦争の長期化を招いたとする新たな見解を提唱。戦争の複雑性を内閣側の視点から追究する。

〈残部僅少〉

吉川弘文館